第三次农业革命

[法]西尔维·布鲁内尔　著
（Sylvie Brunel）

李尧　译

季思妙　审校

人民东方出版传媒
People's Oriental Publishing & Media
东方出版社
The Oriental Press

图字：01-2022-1753 号

Original title：Pourquoi les paysans vont sauver le monde – La troisième révolution agricole
© Buchet-Chastel / Libella, Paris, 2020

The simplified Chinese translation rights arranged through Rightol Media（本书中文简体版权经由锐拓传媒取得 Email：copyright@ rightol.com）
中文简体字版专有权属东方出版社

图书在版编目（CIP）数据

第三次农业革命／（法）西尔维·布鲁内尔（Sylvie Brunel）著；李尧 译. —北京：东方出版社，2023. 1
（世界新农丛书）
ISBN 978-7-5207-2989-5

Ⅰ.①第… Ⅱ.①西… ②李… Ⅲ.①农业经济—研究—世界 Ⅳ.①F31

中国版本图书馆 CIP 数据核字（2022）第 176071 号

第三次农业革命
（DI-SANCI NONGYE GEMING）

作　　者：[法] 西尔维·布鲁内尔（Sylvie Brunel）
译　　者：李 尧
责任编辑：申 浩
出　　版：东方出版社
发　　行：人民东方出版传媒有限公司
地　　址：北京市东城区朝阳门内大街 166 号
邮　　编：100010
印　　刷：北京联兴盛业印刷股份有限公司
版　　次：2023 年 1 月第 1 版
印　　次：2023 年 1 月第 1 次印刷
开　　本：880 毫米×1230 毫米 1/32
印　　张：9. 5
字　　数：200 千字
书　　号：ISBN 978-7-5207-2989-5
定　　价：69. 00 元
发行电话：(010) 85924663　85924644　85924641

"世界新农" 丛书专家委员会

（按姓氏汉语拼音排序）

出版者的话

在中国共产党第二十次全国代表大会开幕会上，习近平总书记指出要全面推进乡村振兴，坚持农业农村优先发展，巩固拓展脱贫攻坚成果，加快建设农业强国，扎实推动乡村产业、人才、文化、生态、组织振兴，全方位夯实粮食安全根基，牢牢守住十八亿亩耕地红线，确保中国人的饭碗牢牢端在自己手中。

乡村振兴战略的提出，让农业成为有奔头的产业，让农民成为有吸引力的职业，让农村成为安居乐业的美丽家园。近几年，大学生、打工农民、退役军人、工商业企业主等人群回乡创业，成为一种潮流；社会各方面的视角也在向广袤的农村聚焦；脱贫攻坚、乡村振兴，农民的生活和农村的发展成为当下最热门的话题之一。

作为出版人，我们有责任以出版相关图书的方式，为国家战略的实施添砖加瓦，为农村创业者、从业者予以知识支持。从2021年开始，我们与"三农"领域诸多研究者、管理者、创业者、实践者、媒体人等反复沟通，并进行了深入调研，最终决定出版"世界新农"丛书。本套丛书定位于"促进农业产业升级、推广新农人的成功案例和促进新农村建设"等方面，着重在一个"新"字，从新农业、新农村、新农人、新农经、新理念、新生活、新农旅等多个角度，从全球范围内精心挑选各语种优秀"三农"读物。

他山之石，可以攻玉。我们重点关注日本的优秀选题。日本与我国同属东亚，是小农经济占优势的国家，两国在农业、农村发展的自然禀赋、基础条件、文化背景等方面有许多相同之处。同时，日本也是农业现代化高度发达的国家之一，无论在生产技术还是管理水平上，有多项指标位居世界前列；日本农村发展也进行了长时期探索，解决过多方面问题。因此，学习日本农业现代化的经验对于我国现代农业建设和乡村振兴具有重要意义。

同时，我们也关注欧洲、美国等国家和地区的优质选题，德国、法国、荷兰、以色列、美国等国家的农业经验和技术，都很值得介绍给亟须开阔国际视野的国内"三农"读者。

我们也将在广袤的中国农村大地上寻找实践乡村振兴战略的典型案例、人物和经验，将其纳入"世界新农"丛书中，并在世界范围内公开出版发行，让为中国乡村振兴事业作出贡献的人和事"走出去"，让世界更广泛地了解新时代中国的新农人和新农村。我们还将着眼于新农村中的小城镇建设与发展的经验与教训，在"世界新农"丛书的框架下特别划分出一个小分支——小城镇发展系列，出版相关作品。

本套丛书既从宏观层面介绍 21 世纪世界农业新思潮、新理念、新发展，又从微观层面聚焦农业技术的创新、粮食种植的新经验、农业创业的新方法，以及新农人个体的创造性劳动等，包括与农业密切相关的食品科技进步；既从产业层面为读者解读全球粮食与农业的大趋势，勾画出未来农业发展的总体方向和可行路径，又从企业、产品层面介绍国际知名农业企业经营管理制度和机制、农业项目运营经验等，以期增进读者对"三农"的全方位了解。

我们希望这套"世界新农"丛书，不仅对"三农"问题研究者、农业政策制定者和管理者、乡镇基层干部、农村技术支持单位、政府农业管理者等有参考价值，更希望这套丛书能对诸多相关大学的学科建设和人才培养有所启发。

我们由衷地希望这套丛书成为回乡创业者、新型农业经营主体、新农人，以及有志在农村立业的大学生的参考用书。

我们会用心做好这一套书，希望读者们喜欢。也欢迎读者加入，共同参与，一起为实现乡村振兴的美好蓝图努力。

目录
contents

第 5 章　重塑农业竞争力的必要性

第 6 章　直销与"短链"流通，
距离我们有多远?

第12章　发展畜牧业的必要性

译者序　漫谈《第三次农业革命》

　　不得不说，翻译《第三次农业革命》一书的过程，既是一次难得的精神洗礼，又是在两个时空交错下，与作者如影随形开启的一场文化旅行。

　　作者西尔维·布吕内尔拥有多重身份，她是经济学博士、地理学家、作家、发展学专家、可持续发展学研究专家，曾任反饥饿行动组织主席、巴黎政治学院发展学教授，现于索邦大学教授地理学。本书的现实背景是世界第三次农业革命到来之际的法国，此时，法国奋力走在发展的前列，探索着没有前车之鉴的发展道路，随时可能犯错；与此同时，法国社会也出现了一些极端思潮，随时可能激化乃至完全撕裂社会矛盾。在这种混沌且充满挑战的历史境遇下，作者采取不偏不倚的态度，力图在思辨与实践中找到一条折中的道路来变革。

　　作者开篇就致敬农民，她认为农业永远不可能没有农民，即便在高新技术嫁接的农业，科研人员也需要通过农民来了解农业、了解自然，从而研发出更符合生产要求的农用机械或是智能农业系统。过去，农民以单薄羸弱的身躯，负担起喂养人类的职责；现如今，我们又擅作主张，将保护地球的责任推诿、强加给他们。

面对资本控制下的环境非政府组织的操盘、产业链中上游的大型企业集团的盘剥，再加上蜂拥而起的社会舆论以及相关政策法规的强势影响，农民毫无还手之力。当权威组织研究表明农药对人体具有毒性，国际呼吁保护环境、减缓气候变化，动物福利主义者主张改善动物宰杀方式，动物权利主义者主张抵制畜牧业，农民总是首当其冲遭受抨击诋毁，蒙受经济损失，甚至在消费者主张之下，农民刚从繁重的体力工作中解脱出来又可能退回到更加繁复的工作当中。只有将农民变成体面的职业，培养高素质职业农民，把农民当作第三次农业革命的主体，让农民发声，帮扶农民一起处理困难，第三次农业革命才有可能成功。

在文中，作者详尽地介绍、比对了多种具有代表性的新型农业模式，农业模式的变革确实是第三次农业革命的推手，但是农业革命似乎不该以技术的革新作为重点。作者深刻讨论了一些在社会引起强烈反响的矛盾问题，包括普罗大众高度关注的气候变化问题、农药问题、有机食品问题、动物福利问题。如何在气候变化的大背景下，发展满足世界人口的农业？面对粮食危机、卫生健康危机，禁用农药是否依然符合现实需求？备受消费者推崇的有机食品是否值得推广，是否足以养活世界？在动物福利的汹涌呼声之下，农业发展将何去何从？对于这些问题，作者在本书中都进行了深刻的哲辩。

作者认为，消费者和社会大众一味否定传统农业，坚决抵制农药，为发展有机农业高呼呐喊，高举动物福利旗帜，这些行为都值得反复斟酌。她提醒读者，所谓的"传统农业"① 对于社会摆脱物资匮乏、忍饥挨饿的境遇功不可没。公众普遍存在一种"怀古"的奇特思维惯性，习惯于将一切美好的事物赋予过去，过去的食物更美味，过去的环境更天然，过去的生活更恣意……与此同时，又会选择性地遗忘过去粮食短缺所造成的社会恐慌，以及与之相伴的更加恐怖的事情，如经济危机、自然灾害，甚至战争。曾经的解决方案，时过境迁成了现存问题，而急于解决这些现存问题又会让我们退回到过去的困境，这并未真正为社会带来进步、变革的力量。适量、科学地使用农药可达到防微杜渐之效，免除病虫害带来的歉收或是误食中毒；有机农业在消费市场备受青睐，但是用地更多、成本高昂、产量低下等特点使其局限于中产或富裕阶层，推广有机种植会让贫穷人口的饥饿问题更趋严重；激化的动物福利背后有不为人知的意图，反对取缔畜牧业的运动需要警惕。作者引用大量实证案例来分析诸如此类的问题，论证过程深入浅出，研究结论振聋发聩。

　　法国的社会变迁对我国现今推动乡村振兴发展具有现实借鉴意义。当下我国处于国家振兴乡村战略规划的初期阶段，城市化的高速发展为国家创造了巨大财富，同时也带来了乡村空心化剧

---

　　① 　在我国文化语境中，谈及传统农业和现代农业，通常以农业的现代化为界，相互对称，分别指代现代化以前和以后的农业。但在法国，传统农业是指第二次农业革命之后使法国成长为农业强国的现代化农业，较之有机农业和更多新兴模式更为传统，故称为"传统农业"。由于中法两国的农业发展进程不一，文化背景不同，阅读时会遇到类似的同词不同义现象多次出现，望读者知悉。

烈、农村耕地大量非正常减少，以及严重的城市病等社会问题。法国在完成城市化后，经历了五次返乡浪潮，前后历时50年之久。在这五次返乡浪潮中，返乡的人群动机复杂，回到乡村后对农村的建设推动各不相同，也形成了一整套有效的经验和教训，这些均有助于我国以资镜鉴。面对第三次农业革命的巨大挑战，作者强调了法国沿用合同化的区域治理模式的重要性。合同治理弥合了国家、市场和公民的界限，将三者有机协调，共同实施对社会公共事务的治理。作者鞭辟入里地指出，只有社会各界共同讨论实际情况，确立具体目标，并且各界人士并肩为同一目标努力进发，才是唯一通路。这一治理机制，其实也与我国当下着重推进的社会治理体系和治理能力现代化之路不谋而合，具备现实的制度借鉴意义。

最后值得一提的是，作者的法式讽刺和浪漫写作风格极具感染力。通过无处不在的疑问句式，作者不断提出发人深省的质疑；借助深入全篇的讽刺文化，作者用法国人自己的不满、愤懑以及种种情绪拼凑出真实而锐利的表达。当然，作者也是相对克制的，她笔下对法国现实的建议是，鼓励团结，放下埋怨，共同对抗人类面临的危机。

人类正处于一个多灾多难的时代。新冠肺炎疫情肆虐全球，汤加海底火山爆发对全球生态环境造成深远危害；俄乌冲突不仅使两国战火四起，更使依赖俄乌两国粮食出口的国家出现粮食危机，全球粮食供应持续紧张；气候风险成为21世纪人类面临的重大挑战，碳减排迫在眉睫……当今已经不是一个国家关起门来就可以安居的时代。国家与国家之间、种族与种族之间的社会议题都高度纠缠、交织在一起，彼此构成利益共同体，一荣俱荣，一损俱损。只有人与人之间、人与自然之间增进了解，互相借鉴，互相参考，携起手来，以更加开放、包容的态度和睦相处，才能让自身安宁，将世界变得更加美好。

第 1 章

未来掌握在养活我们的人手中

你能否意识到自己所得到的一切，其实都归功于农民？我们总是抨击、遗忘或蔑视他们，农民却喂养着我们。不仅如此，农民还在打造自然生态。时过境迁，我们还能否看到经他们改造后的壮丽景观？那些被精耕细作的田野，似一幅用农田、林木、果树、躺在青草上的奶牛及青草下藏着的一层小花儿嵌成的镶嵌画。春天鲜花怒放；夏天果实丰硕，谷粒金黄，葡萄挂满藤蔓；秋天玉米穗儿籽粒饱满。

农民就是这一切的创造者。当然，农民首先需要自给自足。显然在今天，这件事非常容易实现。但人们已然忘记，人类为获得稳定的食物来源走过了多少个世纪。时至今日，遭受饥饿折磨对于八亿人来说仍是习以为常的事，如何稳定地获取食物和饮用水一直是全世界的共同挑战。

最美职业

当农民生活足够体面的时候，务农必然是最好的职业。可以成为农民是一种自豪——自豪于自己可以自由耕种土地，并且能够养家糊口，甚至养活国家；掌握一门技术；时刻与自然接触；以及自由决定每天的日程。

对于一个国家而言，保障粮食安全就是政府执政的基础。任何人在任何时候能够买得到又买得起为维持生存和健康所必需的足够食物，是维护社会稳定和国家独立的战略保障。

2050 年，全球大部分人口将由城市居民所构成——超过 2/3 的人口将生活在城市。如今，依旧有近半数的世界人口是农民，在未来他们却将变成少数的那一部分。但他们依旧是必不可少的角色。农民需要养活数以百亿计的人口，为那些一日必须三餐的新兴中产阶级提供高品质、多样化，且色香味俱全的食物。未来将有更多的消费者，同时他们也将对食物越发挑剔。

人类的饮食必将变得品种更丰富、价格更低廉，同时要能保证人类健康，保护环境、动物以及保障生物多样性，还要保护人类、保护气候以及保护地球。食物不仅需要品质好、种类多、价格实惠，还要入乡随俗：人可不是什么都愿意吃的。一种文明可以在其食品中得以体现并被赋予定义，可以这样说——你吃什么样的食物，就会是什么样的人。食物代表着文化。即使在闹饥荒的情况下，人们对文化的遵守也胜于对食物的渴求。进行食物援助时不仅要顾及宗教上的忌讳，更要顾及当地民众的自尊心。例如，非洲南部和东部的人非常抗拒吃捐赠的黄玉米（通常在黄玉米高产的年份捐赠者们可能会捐赠黄玉米）。因为他们认为白玉米才是人吃的，黄玉米则是给动物食用的。

改善气候的第一要务是改善农业生态

现在，人们对生产食品所需的条件愈加关注。事实上，人类有一种可怕的能力可以导致耕地流失、河流退化、气候变化加速，同时破坏保持水土的植被，最终导致毁灭性的土壤酸化，土地被侵蚀。联合国政府间气候变化专门委员会（IPCC）、联合国粮农组织（FAO）、世界银行、非政府组织发出的警报日益增多。

然而，一名优秀的农民知道如何去雕刻和美化我们的星球，知道如何让每一片土地展示出它最美丽生动的风景以及最友善的环境。联合国的一项重要任务就是优化土地利用：农业以及畜牧业用地占全球陆地面积的1/3，其需水量为全球可用水资源的3/4。农业和畜牧业，尤其是其中的森林砍伐，是温室气体排放的主要来源，占全世界温室气体排放量的1/3。这意味着土地专业化利用、精心的水土保持植被设计方案、严格的耕地管理办法等措施至关重要。

在研究了上千份气候变化论文[①]后得出的评估报告中，联合国粮农组织和政府间气候变化专门委员会呼吁各成员国守住耕地——全球每年土地退化约1300万公顷。同时，我们还需要对抗

---

① 联合国政府间气候变化专门委员会本身并不进行研究工作，也不会对气候或其相关现象进行监察。其主要工作是发表与执行《联合国气候变化框架公约》有关的专题报告。联合国政府间气候变化专门委员会主要根据成员互相审查对方报告及已发表的科学文献来撰写评核。——译者注

食物浪费以防止花费很大代价生产出来的食品流向垃圾堆。当务之急就是采取退耕还林、土地轮作、打造森林生态农业、规划植被恢复工程等保护土壤和保持生物多样性的措施。生态农业、混林农业、永续农业是核心关键词，但这些农业生产方式并不足以引发第三次农业革命。

农业可以创造农田生物多样性，也可以减缓气候变化，因此如何发展农业成为环境生态学的核心问题。农民是土地的看守、护卫。如果我们想要改善气候就必须改善农业生态，而且须由农民来改变。我们的未来掌握在喂养我们的人手里，但气候变化又给了农民和农作物如此之大的压力！

面对全球变暖、干旱期延长、山洪暴发，动物和植物必须不断适应。有些植物已然"遭遇不幸"，例如原产于安第斯山脉无法适应高温威胁的土豆；葡萄产量下挫，而葡萄酒酒精度则不断上升。在法国，葡萄酒酒精度每升高 1 度就意味着作物向北迁移100 千米。

其他的危机也将接踵而至：地中海的标志性作物橄榄树，如果种植地过于靠北就会遭受霜冻，可如果在橄榄树历史分布区发生外来虫害入侵威胁其生存，我们又该如何处理？ 2013 年，意大利出现了一种可怕的细菌——木质部难养菌（苛养木杆菌），造成橄榄树枝叶发黄枯萎。这种细菌甚至传播扩散至科西嘉岛。若它传播至普罗旺斯地区，也将威胁到当地极其重要的农作物，如葡萄、巴旦杏、橡树、薰衣草、苜蓿以及其他果树等，约 200 种植物将遭受病害。关键是，针对这种细菌目前仍没有任何有效治疗方法！一旦检测到这种细菌，就必须立即清除半径 100 米范围内的所有植被，并在 5 千米范围内实施检疫。如果真的发生这种情况，普罗旺斯地区的风景将被摧毁，我们又能否接受它没有风景的地貌？

　　农作物遭受病虫草害在所难免，难道人们就要听天由命直到出现饥荒夺走无数人命？还是选择相信喂养我们的那些人并为他们开拓思路、提供解救我们的方案呢？要应对温室效应，农民就必须改变其耕种的作物种类、管理其开垦的农地、保护好水资源。除了上述困境，农民还面临一个重要的市场问题——不仅需要解决生产问题，还要解决销售问题。

农民的经验与智慧不可或缺！

　　在世界任何地方，粮食价格始终都是一个重要的问题。因为价格不仅代表生产者的酬劳，也必须限定在消费者的承受能力范围。这通常是一个难以解答的方程。粮食价格过高会引发民众反抗，甚至推翻统治，民众起义通常源自粮食危机。

　　农民既是土地的守护者也是企业家，更重要的是，他们还希望通过自己的工作能够有尊严地生活，而不希望仅仅被限定在"大自然园丁"的定义里。农民的首要角色是"养育者"，他们愿意承担养家糊口、贡献国家的责任，但也拒绝被困于繁重的劳务、贫困、挨饿的命运。他们也希望能够决定自己的未来，参与社会活动、保障家人健康、为孩子提供优质教育资源、拥有便捷生活所需的物品……这些我们在消费社会中都已经获得却从来不曾重视的东西。

如果可以选择，农民绝不会愿意忍受简陋的生活，不愿再受到过去的限制，也绝不会怀念旧日种种：收成不稳、生活贫苦、独自承受农作物受灾带来的经济损失。

这是过去几个世纪里欧洲农村的现实状况，甚至现在一些贫困村庄仍旧如此。农民不想再这样活着，他们也加入了现代化进程。最优秀的农民掌握着先进的数字技术，他们甚至可以被称为"农业极客"①！在非洲，即使收入最微薄的农民也拥有一部手机，尽管这不是一部智能手机，而且时常由于欠费不能拨打只能接听电话。拉奥尼·梅图克提尔是一个亚马孙印第安人。为了捍卫卡雅波部族的领地，他走遍全球，并开通了自己的网站。

我们的挑战非常大：保护森林，有效利用耕地，缓解温室效应，防止全球气候变暖导致的高纬度地区海岸侵蚀，警惕低纬度地区的沙漠化，提升热带人口稠密地区的生活水平等。单凭科学技术并不能解决以上所有问题——农民的经验与智慧不可或缺！

没有农民就没有健康的农业，没有健康的农业，世界将无法正常运转。农民所扮演的角色不仅是养育者，他们还具有打造亮丽景观、保护环境、研究气象的能力，可以称之为"生态环境人"。农民还可以在家乡发展文化旅游产业。总之，是农民在振兴

① 该词由 agriculteur（从事农业的人）与美国俚语 geek（极客）拼凑而成。极客是指在互联网时代创造全新的商业模式、尖端技术与时代潮流的人。——译者注

着农村，维护着农村的特色与景观，带动着农村文化旅游的发展。为了最大限度地满足人类利益，农民还"雕刻"并且"驯化"着周围的大自然。去乡村旅游度假，往往会让人感受到无限的幸福。

农民的命运，以及他们的生产方式、耕作方法共同决定着地球的未来。打压、蔑视、批判农民只会打消他们的积极性，我们应将农民视为荣耀的骑士，赋予他们保护人类的重任。农民是实现第三次农业革命的主体力量，而非敌对势力。

第 2 章

养育人类，同时
也要保护地球

人类自认已经战胜了饥荒，但它不仅远未消失，而且随时可能卷土重来。目前，全球有近十亿人口仍持续面临严重饥荒。这不但加剧了社会冲突，也产生了所谓"环境难民"的人口迁移。然而，逃荒不过是生存的迫不得已。

作为武器的饥荒

受人口增长、极端天气等因素影响，全球粮食安全形势越发严峻。有的国家尽管自然条件得天独厚，大量民众却依然遭受饥荒，例如南苏丹、中非共和国、刚果民主共和国等；有的国家则陷入食品短缺危机，例如委内瑞拉；有的国家大量民众必须接受政府某种形式的食品救援计划，例如阿根廷。饥荒甚至被当作武器，激发了叙利亚内战和也门冲突。国际贸易中也不乏操纵粮食价格引发饥荒的情况，粮食出口国毕竟是少数，多数国家因为依赖粮食进口而深受价格波动的影响，无法制定应对政策。

为人类未来做准备已经迫在眉睫。联合国粮农组织预计，到

2050 年，全球粮食至少需增产十亿吨才能满足新兴中产阶级日益增长的需求。国际粮食贸易进一步深化：目前全球约有 1/6 的人口依赖国际粮食贸易，到 2050 年这一比例将增至 1/2。到 2050年，全球粮食产量需要增加 50%，其中 2/3 的需求来自亚洲和非洲。全球粮食争夺战已经开始。为了解决这些问题，迫切需要进行第三次农业革命来为我们提供更适合、更可持续且更具竞争力的新范式。

面对这些挑战，总是惦记昔日农村、喜好返璞归真的人们是否做好了准备？有机食品、农民自留种子①、农产品短供应链……它们各有存在的理由。但只有它们并不足以满足人类需求。在土地问题、水资源问题、农作物问题，以及人类、动植物健康问题日益突出的今天，我们甚至有可能深陷农业生产技术倒退的可怕局面。部分意识到问题的国家已经发起了反击，有的国家却对已然显现的风险置若罔闻，以欧洲为例，其第一农业大国法国甚至因"去农业化"而陷入危机。

调和消费者动机冲突

现今，食物凝聚了人们的热情。以保护动物和生态环境的名

---

① 作为欧盟、经济合作与发展组织和国际植物新品种保护联盟的成员国，法国有关品种、种子的法律法规遵从上述三个国际组织的有关规定。只有注册品种才可以在法国生产、认证和销售。虽然政府规定商业种子必须是认证种子，但并不限制农民自己留种。——译者注

义质疑肉类消费、拒绝"杀虫剂"而追求更自然的食品，诋毁工业化农业而支持有利于小农经济模式的"生产主义"①，倡导农产品"短链"流通②而非国际粮食贸易，推崇直销和专营店而反对到超级市场采购，偏好手工自制而非半成品食材，就这些问题人们有诸多争论。

然而，消费者日常生活中的消费行为并不激进——在法国，超过90%的食物仍然靠传统农业生产模式产出，超过3/4的食品消费仍在超市完成。

农民一直处于两难的境地：一方面，他们被消费者期待生产出安全、健康且廉价的粮食；另一方面，他们又需要不停地向

---

①　"生产主义"分为狭义的生产主义、广义的生产主义和生产主义意识形态。狭义的生产主义是和"消费主义"相对应的概念，指的是重生产轻消费的社会体制及其发展模式；广义的生产主义中的"生产"是指社会的生产和再生产的完整运行体系，既包括生产也包括消费，故广义的生产主义也可称为泛生产主义或泛消费主义；生产主义意识形态通常表述为"经济决定论"、"经济主义"或"历史决定论"。其核心是用"物质生产"活动说明一切社会活动、社会关系和社会历史的发展动力、道路及形态。本文所说"生产主义"均指狭义的生产主义。——译者注

②　这里指"农户+经销商+消费者"的超短供应链模式。实现短链化供应的是附加值低且不易储运的农产品，该类农产品短链化首先是高度信息化前提下的本地化，也就是尽量降低该类农产品的空间位移半径，进而降低其储运成本，生产者借助先进的信息和物流手段在网络平台销售自家农产品，消费者通过与生产者或平台的直接交易进行购买。与之相对应的是"长链"流通，通过批发商、零售商等参与主体，农产品能够跨越地域限制、拓宽销售市场、增加附加值，符合工业化社会中的专业化、协作化特征。不过，"长链"流通也存在抬升农产品价格、环境不尽友好、农产品易变质等问题。

消费者就农产品未能达到有机标准做出解释。该如何调和消费者的动机冲突呢？当然，人们的环保意识愈加强烈，这些诉求应当被听取，许多农民已经开始考虑向有机农业转型。"转型"一词意义重大，从中可以窥见有机农业不仅是一种文化形式，更是一种哲学。

当下受过教育的人讲究饮食丰富，但他们是否清楚自己的选择意味着什么？

是的，我们既要求食物色香味俱全，又要求营养丰富健康，还要求生产方式尊重自然、保护动物，更不能压榨妇女、儿童和移民工人。为了买到价美的有机产品，我们越来越依赖进口，牺牲本国生产者的利益，剥削地球另一端的农民而不自知，或者从其他新兴国家买来全面代替人工劳动力的机器所生产的有机工业食品。

我们更倾向"短链"流通，不希望食品辗转万里才来到自己的餐桌，但是我们又非常需要热带地区的香料和水果，也更离不开茶叶、咖啡和巧克力。我们鼓吹只买本地食品，却忘记了南方的农民需要通过贩卖自己的产品来赚钱脱贫，他们需要我们购买无论如何在本地气候都无法生长的粮食来维持生计。同时，热带地区也渴望换来温带地区产出的小麦。

如何严守本地产品？如今，食品安全问题与粮食流通，尤其是国际粮食贸易的发展唇齿相依。只消费本地产品就是故步自封，只会让自己陷入单一和匮乏之中。只消费本地食品、强调应季蔬果，我们显然忘记了法国严寒的冬季，也忘了他国干涸的旱季。

补充调剂、食物多样性以及粮食贸易都是必不可少的。盲目追求粮食自给自足的国家，在粮食危机面前可能更加不堪一击。那么，又该如何结合这些因素综合考虑呢？

开创粮食工作新局面

为了应对政治、环境和社会挑战，未来农业必须做出根本性变革：更加环境友好，保持水土资源，同时保障质量安全；推广前沿农业科学技术，推进农业数字化、信息化转型，保护农民权益；发展满足人类食物需求的生态农业，做到多产又环保。

新农民将成为光合作用管理者，他们塑造未来的农村风貌景观，更影响未来的气候。农业生产朝更清洁更可持续发展转型已经成为全世界必须投身的一场运动。当务之急是停止破坏土壤，防止土壤侵蚀，不再过度砍伐森林造成土壤流失。这些行为造成了数十亿吨二氧化碳及其他温室气体的排放，导致气候变化加速，洪涝灾害增多，山体滑坡频发，以及地球资源枯竭。我们有义务也有能力改善我们的生活环境，通过保持生物多样性、创建生态景观、实现能源多元化，以及农业数字化来保持土壤健康、肥沃、有生命力。健康的农业生产方式既可以应对气候变化，又可以修复生态系统，还能实现产出作物、养活人类的使命！

人类对粮食的需求量越来越大，迫切需要我们重新审视过去的生产方式。农业生产具有高度不确定性和复杂性，因此我们需要不断革新，随机应变。发展农业必须大力投资科研，确保其向生态农业转型。第三次农业革命必须结合生态学与农艺学，协调经济效益与社会效益，实现农场加公司的组织方式。

如今农业已经不仅仅是满足生理需求，解决温饱问题，还带有政治功能，体现意识形态的选择，更代表一种生活文化方式以及人与自然环境的关系。普鲁斯特①的一块玛德琳蛋糕②，不仅是品尝到的味道和舌尖上的喜悦，更是农民在乡间劳作获得的小麦粉；是养殖户放牛喂鸡获得的黄油和鸡蛋；是磨坊工人、乳品坊工人、糕点师傅的劳动，也可能是饼干工厂的手工制作或工业流水线作业。无论是手工制作还是流水线生产，其共同之处在于，都是利用相同的原料，采用同样的工艺制作而成。稳定的价格是社会和谐的保障——玛德琳蛋糕绝不应只供精英阶层专享。每个人都有获得安全、营养和充足食品的权利，但也不该为了让所有人都能吃上就折损了蛋糕的安全质量，甚至赔上动物的健康生存环境。

说起农业，就不得不谈到土地。20世纪70年代，人们曾一度认为到了2000年人类只需要每天服用一片药剂即可替代所需膳食，食物文化层面的价值被大大低估了。今天，越来越多踌躇满志的初创公司争先恐后地研究起实验室和工厂设计生产的食物，

---

① 马塞尔·普鲁斯特（1871—1922，Marcel Proust），20世纪法国最伟大的小说家之一，意识流文学的先驱与大师，也是20世纪世界文学史上最伟大的小说家之一。——译者注

② 据传普鲁斯特在一次偶然的机会，吃到了玛德琳蛋糕，熟悉的味道唤醒了他沉睡心底的所有回忆，其代表作《追忆似水年华》（À la recherche du temps perdu）由此得以诞生。在这部小说里玛德琳蛋糕也反复出现。——译者注

并且受到资本巨头的热捧。他们深信"高科技"食品（合成肉、食用昆虫、藻类①等）是实现可持续发展的最佳方案——保护环境的同时生产更多更好的产品，应对气候变化，杜绝食物浪费。目前，这些"高科技"食品因掺杂大量化学添加剂，环境效益远低于纯天然肉类和农田产出的粮食。3D 打印技术还未完全贴近日常生活，不足以为我们制作出一块理想的玛德琳蛋糕。这是多么幸运！因为那样的未来是残酷的、不近人情的，我们将无法再与自然和土地产生联系。没有农民的世界里，生机勃勃的乡村也将不复存在。

食物应该对人体健康有益。人们憎恨食物里的化学添加剂，但细菌感染是致命的，人类大流行病和动物传染病会导致成千上万人死亡。在人口密集程度较高的亚洲，很多特大规模的城市里人类居住地和动物栖息地并没有明确界线，因此暴发各种恶性传染病的风险更大。怎样才能恰如其分地生产出既不损害农民利益，也不毒害消费者，更不污染环境的粮食呢？

为了养活一个特大城市，需要运输、储存、加工、分销大量的食物，而且还要保证城市中最偏僻地方的供应。尽管如此，一个国家越发达，从事农业生产的人口却越少。在发达国家里，即便相关讨论和宣传十分热烈，也很少有人愿意再去长期从事繁重、

---

　　① 在中国，海藻的利用有着悠久历史。人们利用藻类作食品或营养品，以及制作包装罐头，加工成有机肥和饲料促进农业和畜牧业发展。美国科学家经实验证明，藻类既可以作为生物燃料，对污水也具有很高的处理效率。——译者注

劳累的田间体力活。

相反，一个国家越贫穷，农民就越多，但同时农民也是饥荒中首当其冲的受害者。一旦遭遇饥荒，农民只能涌入城市。可即便到了城市，农民的情况也不会好转，因为他们还需要赚钱来购买自己不再生产的食物。我们还发现，饥荒日渐呈现城镇化迹象，城市人口对于生活成本的攀升也逐渐力不从心。

对人类来说，开创粮食工作新局面既是艰巨的挑战，也是英勇的迎战。要确保农民告别"望天收"、告别贫穷，切忌将实现理想自然环境与开发耕地对立，或将发展城市与农村对立。第三次农业革命的推进离不开农民，农民的参与离不开大众的理解与支持。因为这场关于农业生产方式的变革是由农民承担风险，用未来押注的。

要充分调动农民的积极性，否则将会发生农村人口持续外流，大片土地荒芜。在那些分布着热带雨林的国家，农民怀着"开采者更富裕"的想法，在农田里大肆进行矿产开发活动，大量土地损毁、荒废、荆棘丛生，甚至引发火灾。

无处不在的精准农业①

过去，仅依靠分布在欧亚大陆上的前共产主义国家、美洲和

---

① 精准农业又称精确农业或精细农作，是信息技术与农业生产全面结合的一种新型农业。精准农业对标传统农业，是在传统农业的基础上发展，从农民靠感觉和经验种地，转变为靠科学、数据种地。——译者注

大洋洲规模数千公顷的大型种植园就可以养活世界，而今天在全
球各地的农贸市场粮食价格持续飙升的背景下，我们如何才能保
留萨赫勒①地区、热尔省②和中美洲③的家庭农场④？不该在公司
和农场间择其一，二者必须共存——欧洲、南美洲和大洋洲拥有
可观的土地资源，许多仍无人开辟。

气候变化致使高纬度地区可耕种土地面积增加，且绿色植被
迅速增长。在这些无人之地，使用机械设备、智能机器人，运用
最先进的技术，添加更少的化学合成剂，即可生产出符合大众期
待的有机环保食品，实现水循环和循环经济与生态环境的协调统
一。有机农业在这里成为现实，价格极具竞争力。

而对于生活在低纬度地区的大部分人和人口稠密的欧洲来说，
关注民生、保障民生、改善民生、改善生态环境的可持续农业则
是必不可少的。必须激发农村新的活力！

---

①　非洲北部撒哈拉沙漠和中部苏丹草原地区之间的一条长度超过
3800 千米的地带，从西部大西洋延伸到东部非洲之角，横跨塞内加尔、毛
里塔尼亚、马里、布基纳法索、尼日尔、尼日利亚、乍得、苏丹共和国、
南苏丹共和国和厄立特里亚 10 个国家。——译者注

②　法国南部—比利牛斯大区所辖的省份。——译者注

③　指美国以南、哥伦比亚以北的美洲大陆中部地区，东临加勒比海，
西濒太平洋，也是连接南美洲和北美洲的狭长陆地。包括墨西哥、危地马
拉、伯利兹、萨尔瓦多、洪都拉斯、尼加拉瓜、哥斯达黎加和巴拿马 8 个
国家。——译者注

④　起源于欧美的舶来词，通常定义为以家庭成员为主要劳动力，从
事农业规模化、集约化、商品化生产经营，并以农业收入为家庭主要收入
来源的新型农业经营主体。——译者注

面对机遇和挑战，应综合推进各类农业生产方式的发展与共存——大田农业、永续农业①体系下的精细密集花园、恢复植物群丛以及树木在生态系统中核心地位的农业生态系统②和农林复合生态系统③、传统农业和生态农业、城市农场、城市垂直农业④工厂，如分布在亚洲用以保护作物免受虫害和冻害的温室大棚农业，此外还有耕地种植蔬菜、农产品"短链"流通和国际粮食贸易、多样种植、畜牧业、各类农业产业化发展等。

地域和市场存在多样性，这就使得各类农业生产方式之间必须相互补充、相互配合——没有任何一种生产方式可以充当万灵药，极力推广普及单一生产方式将导致重大疏漏。然而，不管使用何种生产方式，有一个普遍适用且无法绕开的原则——必须发

---

① 发掘大自然的运作模式，以自然为师，将从自然和传统的土地文化中学习到的知识与经验应用到人类环境中，开发出生态地生产食物、搭建住所、储存水、设计经济和治理系统的方法（如靠重力驱动的集水、蓄水和灌溉系统），以满足人类的需求。——译者注

② 以人类为中心，在一定社会和自然条件下，以作物、家畜、鱼类、林木、土壤为物质基础所构成的一个非闭合的物质循环和能量转化体系，是在人类、社会、经济体系作用下的以农业植物群落和人类农业经济活动为中心而建立的生态系统。——译者注

③ 在同一土地管理单元上，人为地将多年生木本植物与其他植物或动物，在空间上或按一定时间序列安排在一起而进行管理的土地利用和技术系统的综合。在农林复合生态系统中，不同的组分之间具有生态学和经济学的相互联系。——译者注

④ 科学家为了解决未来农业发展面临的人口压力及资源匮乏问题而提出的一个新概念，通过资源与空间的充分利用，最大限度地提高单位面积产量，而形成的一种农业耕作方式。——译者注

展高效农业。园丁可以凭喜好随意修剪花园，农民却不可以任性耕种。随着世界城市规模日益庞大，以及全球粮食价格愈加深刻影响社会稳定，农民肩负的养活人类的担子越来越重。

预计到 2050 年，全球人口将达到近百亿。如果我们不希望农业带来污染，就必须宣传推广各类防治农业污染的措施，同时大力推动生态农业建设，力求保持水体洁净、土壤肥沃。这一切既需要资金和科研的支撑，也需要专业技术的支持，更需要财政投入和政策法规的助力；既需要在各处施行精准农业，精心养护生物，充分利用自然资源，也需要深入调研每一项调控举措，通过生态系统反馈优化系统生产能力。如此才能实现作物丰收，硕果累累的同时还有绿草如茵、繁花似锦、蝶舞蜂忙。

农业问题的 "6F" 战略

人类需要对生态文明的自我修复能力重拾信心。随着生活水平的不断提高，人们的环保意识也在不断增强。贫困人群的收入几乎全部用于维持生计，但全球新兴中产阶级在对饮食提高要求的同时，对优美生态环境的需要也日益增长——这是他们赖以生存的家园，良好的生态环境关乎他们的健康福祉。但是中产阶级作为主要消费群体，是否有所行动也要看代价大小！

切忌将过去理想化，也切莫拒绝现代化！狩猎采集时代早已过去，如今在人类的精心养护下，大自然呈现出前所未有的美好——百花齐放、果实诱人，动物也因为得到了悉心照料、生命受到尊重而强壮健硕。野生谷物虽然籽粒小、撒播范围受限，要在物竞天择、优胜劣汰的生命搏斗中抵御干旱，适应盐碱胁迫，对抗数量不断增加的生物入侵者，却依然不断进化以满足人类对食物的需求。

要解决环境问题，必须综合考虑六个基本因素：气候变化、生态系统退化、人口增长、城镇化、全球生活水平的提高，以及参数间的合理均衡。如果农业不够强大，无法树立行业自信，难以获得足够重视和扶持，人类就会举步维艰。毕竟，是农民、牧民、渔民这些高度依赖自然资源与生态环境的劳作者在为我们提供日常衣食所需，他们的付出维持着整体公众利益。农民理应受到重视、受到保护。

然而，农民却常常被冷漠遗忘或遭受蔑视。多么荒唐！农业对任何国家的发展都起着重要的战略作用，忽视农业无疑是一记乌龙球。那些摆脱了贫穷的国家都曾经大力投资过农业。为了拯救地球，更是拯救人类（无论人类消亡与否，地球都会存续下去），一切答案尽在农业"6F"战略——养活人类的食物（Food）、喂养牲畜的饲料（Feed）、维持且创造生物多样性的森林（Forest）、符合绿色化学①概念的合成纤维（Fiber）和可再生能源（Fuel），以及通过获取可再生资源修复地球（Fix）。

---

① 1991年美国化学会提出的"绿色化学"是指在制造和应用化学产品时应有效利用（最好可再生）原料，消除废物和避免使用有毒的和危险的试剂和溶剂。今天的绿色化学则是指能够保护环境的化学技术，它可通过使用自然能源、避免给环境造成负担、避免排放有害物质，利用太阳能为目的的光触媒和氢能源的制造和储藏技术的开发，并考虑节能、节省资源、减少废弃物排放量。——译者注

第 3 章

粮食不断增产，贸易持续增加

千百年来，人类尽管得以幸存却始终食不果腹。人类的历史烙刻着大饥荒的印记——《圣经》记载的旱灾，农田病虫害、动物的瘟疫，战争，以及大规模火山喷发后的火山冬天，如 1815 年坦博拉火山爆发。

还有，埃及十灾①中的七种灾难也在伺机而动。

当然，我们从今往后会生活在一个富足的世界里，至少对那些能够买到食物的人来说是这样的。猪瘟曾在中国暴发造成成千上万头生猪病死，肉价飞涨，所幸中国有足够手段应对，也有能力从国外进口猪肉，还可大力发展"植物肉"，甚至可以引导民众消费鸡肉和牛肉。只要猪瘟不在法国大规模暴发，布

---

①　据《圣经》记载，埃及法老的心刚硬，不肯听从摩西和亚伦屡次的请求，让以色列民离开埃及地，神就吩咐摩西、亚伦在法老面前多行神迹奇事，让十大灾难降临埃及。十大灾难有血水灾、青蛙灾、虱子灾、苍蝇灾、畜疫灾、泡疮灾、冰雹灾、蝗灾、黑暗之灾、长子之灾。科学家经过研究发现古埃及确有发生过十大灾难，且为全球变暖和火山喷发引起。——译者注

列塔尼①猪肉生产商就会常年遭受不正当价格战的压价……但也只有有效控制猪瘟不在法国的大规模暴发，才能保障养殖户的切身利益。法国在与比利时接壤部分地区修建围栏杜绝野猪传播猪瘟，但养猪户却不以为然，任凭瘟疫暴发。

作为世界新晋粮食消费大国，中国之所以可以进口粮食，是因为全球粮食供应充足。自1960年以来，世界人均粮食供应量增加了30%，而世界人口却增加了1.5倍！我们从1960年为30亿人（其中1/3为饥饿人口）生产10亿吨粮食增加到2019年为77亿人（其中1/11为饥饿人口）生产27亿吨粮食。

绿色革命②促使全球粮食产量大幅增长，营养不良人口比例急剧下降。但这场高产的极大胜利也逐渐暴露其局限性：饥饿人口几乎没有减少。8.2亿人因贫困、地区不发达或地方冲突导致的饥荒而持续处于营养不良状态。25亿人缺乏必需营养素，如缺乏维生素A（可致失明）、维生素B（诱发糙皮病、免疫抑制）、维生素C（可导致坏血病、全身虚弱）、维生素D（可引起佝偻病）、微量元素铁（可引发贫血）、碘（可出现甲状腺肿或

---

① 法国的一个大区，位于法国西北部的布列塔尼半岛、英吉利海峡和比斯开湾之间。首府是雷恩。法国的养猪业非常集中，用10%的土地养殖全国近70%的猪，主要分布在布列塔尼地区。——译者注

② 狭义的绿色革命是指发生在印度的"绿色革命"。1967—1968年，印度开始了靠先进技术提高粮食产量的"绿色革命"的第一次试验，结果粮食总产量有了大幅提高，使印度农业发生了巨变。广义的绿色革命是指在生态学和环境科学基本理论的指导下，人类适应环境，与环境协同发展、和谐共进所创造的一切文化和活动。——译者注

克汀病）……

　　诸如此类的隐性饥饿问题不仅与购买力不足有关，也与蒙昧无知有关（贫困人群普遍营养不良），还可能和与之相矛盾的肥胖有关。肥胖是由于过度摄入空热量①食品和廉价的高盐高糖高脂肪工业食品造成。正如在工业食品泛滥、新鲜食材缺乏的古巴，肥胖率居高不下。超重和肥胖问题涉及全球 20 亿人口，今天人类为此付出的代价甚至比饥饿更大。超重和肥胖导致糖尿病、肠癌和心血管等疾病大暴发，对公共卫生造成了极大的损害。当然，我们为此付出的经济代价比为饥饿问题付出的更大，因为饥饿人口不是消费者，不需要计入经济考量，但是饥饿引发的道德问题却让人难以忍受——大量婴儿死亡，母亲们悲恸欲绝，众多贫民穷困潦倒。笔者认为，营养不良问题较营养过剩问题更为严重，因为无节制饮食总比无法获得食物更让人容易接受。以上两者反映了相同的现实问题——粮食质量和数量并重，两方面都不容忽视。

　　饮食习惯决定健康状况和寿命长短。不健康膳食无疑已经成为导致全球死亡人数最多的风险因素，不管是因为营养缺乏、过量摄入还是食用不健康食品，最终可能导致贫血、无机盐排出过多、失明、发育迟缓、佝偻病、婴儿死亡、糖尿病、癌症、心脏病和脑卒中。希波克拉底在公元前 5 世纪已经告诫人们——食物

---

　　① 空热量含有高热量，却只含有少量或缺乏基本维生素、矿物质和蛋白质。——译者注

是我们最好的药物。

医学学术刊物《柳叶刀》在 2019 年 3 月发表的一项研究显示，全球每 5 个人中就有 1 个人死于不健康饮食。乌兹别克斯坦是不健康饮食导致死亡比例最高的国家，每 10 万人中就有 1000 人因此死亡，是世界平均水平的 10 倍。我曾到访过这个美丽的国度，却像许多不幸的游客那样途中突发肠胃炎。风险最低的国家是以色列（每 10 万人中只有 89 人因为饮食问题死亡），其次是法国、西班牙和日本。没错，尽管有很多法国民众不停指责本国农民毒害他们，法国却拥有世界上相对安全的农业，也是人均预期寿命最长的国家之一（82 岁）！

过去物资匮乏

我们经常听到类似"现在的食物味道越来越淡，营养也不及过去。我们必须找回当初的美味！"的感慨。如果时光机真的存在，我们会感到错愕！人类大脑原来如此运作：总是把过去理想化，选择性记忆，通常留存快乐的记忆，所以会忘记苹果里的虫子、发酸变稠的牛奶和因此而变得诱人又或令人作呕的打发奶油，以及发霉的面包。麦角菌是一种微小的真菌，可感染谷类植物。尽管经过研磨后麦角会变成一种红褐色粉末，但在黑麦中容易被忽略，误食含有麦角菌的谷物引起中毒的惨案在历史上有不少记载——某些地区集体发生精神错乱，患肢坏疽，手指和脚趾甚至脱落。当时人们将这种无法解释的疾病称为"圣安东尼之火"①，也称圣火病。1951 年发生在法国加尔省小镇蓬圣埃斯普里的悲剧的罪魁祸首极有可能是被麦角菌污染的面包，当时数十人精神错乱，7 人死亡。这种疾病如今依然在贫穷国家肆虐，人畜共患。卫生管理机构也提醒广大消费者注意防范多款有机面粉的安全隐患，尤其是进口有机面粉。

法国哲学家、科学史家、法兰西学院院士米歇尔·塞尔在 89 岁与世长辞。他在逝世的前两年，于 2017 年出版了著作《从前更好》，该书帮助我们摆正了认知。我们今天受到如此之多的保护，以至忘记化学曾在多大程度上使人类幸免于昨日之难——控制致命疾病，减除艰辛的体力劳作，抵抗灾害延长人均寿命。我们对美好往事始终缅怀，就像无法遗忘童年憾事，对初心记忆犹新。

但从前真的更好吗？过去不时会出现物资短缺，各家各户在橱柜里塞满糖、面粉、意粉和罐头等。大量囤积应急物资本身又造成了物资紧缺（经济学家称之为预期自我实现）。1954 年由皮埃尔·孟戴斯－弗朗斯②政府施行的著名"学校早餐甜牛奶"政策，旨在解决法国儿童营养不良问题。在此之前，由于物资匮乏

① 圣安东尼之火：一说是当时人们不知道患病原因，迷信地认为这是由圣火烧灼引起。圣安东尼医院的筹建使得人们的病情得到控制，因此这种病被称为"圣安东尼之火病"。另一说是埃及沙漠隐士安东尼，在埃及的旷野上游荡的旅行中，魔鬼用幻觉折磨他。因圣安东尼的幻觉和麦角菌带来的幻觉之间的相似性就有了圣安东尼之火这个名字。——译者注

② 皮埃尔·孟戴斯－弗朗斯（1907—1982）：法国政治家，法国社会党国务活动家，法兰西第四共和国总理兼外交部长，经济学家。——译者注

和缺医少药，不少家庭为了让孩子强身健体，会让他们在起床后喝一杯烧酒。直到1956年，法国政府才通过了禁止在学校食堂提供酒精饮料的法案！不，从前也好不到哪里去。用双手辛勤劳作一辈子的男女因为劳累过度而过早死亡。由于使用简陋的工具反复耕作，他们的背部被狠狠地压弯，但是医生和神父们只能眼睁睁看着。农民的脊柱畸形病甚至有一个专门名称：田间屈曲！这就是为何我们的祖辈为了防治病虫害调节植物生长，在合作社技术人员的指导下，在农业生产中广泛使用化学药剂，而不对农产品的毒性提出太多质疑。这种行为使他们的平均预期寿命显著提高，却导致了我们今天所面临的一系列污染问题。

我们的祖辈一定还记得过去食品短缺、种类单调和农产品时令性极强的情况。在当时，选用当地食材、应季果蔬并不是自主选择，而是迫不得已。在20世纪70年代，会有人知道奇异果、油桃、寿司（像日本人那样食用鱼生在当时似乎是苦不堪言的）、藜麦、阿萨伊浆果①、甜叶菊、枸杞这些食物吗？没人能想象到会有今天这般五花八门的美食！

时光流转，岁月更迭，富裕阶层好像完全忘记了过去的物资匮乏。甚至有些受过教育的人信誓旦旦地告诉大家，方圆150千米地域生产的食物足够人享用。这或许是对的，但要实现还需要生产者无限的创造性、消费者始终如一的购买力和寻找及烹制高

---

① 又称巴西莓，是棕榈树上的水果，成熟果实的外果皮呈深紫色或绿色，果皮薄而多汁。在巴西亚马孙河流域，阿萨伊浆果被当地居民视为食物采摘。——译者注

质量食品付出的时间精力。他们还建议像摩门教徒那样生活，不喝茶或咖啡，也不碰烟酒。当然，也必须禁食巧克力和一切热带食品，因为新的宗教饮食是十分专断的。

现在的消费者更喜欢直销，购买当地供应和应季的食物，他们偏好菜园而非大棚蔬菜（有机食品除外），会找当地菜农购买却少去超市选购食材，青睐未加工食品，甚至会亲自到农场采摘。本书已论述过这些生产和消费模式理应并存发展的观点，如果摒弃传统农业，致力于推广这些模式，将意味经济会陷入衰退，营养不良状况也会再次恶化……而且这不一定能改善农民生产生活条件。当然，理论总是脱离实际——价格始终是购买行为中的基本变量。别忘了前面提到过，3/4 的食品由大中型分销商供应。

不过，被称为"生产主义"的所谓"传统农业"已逐渐日薄西山，取而代之的是其他生产方式，如有机农业、农业生态工程、农林复合生态工程，更有农民对其一无所知却又极度关注的永续农业。未来我们会看到这些新模式各有价值，但它们不会喂饱将来的城市人口。

第二次世界大战后采用的集约畜牧业①试图通过提高动物蛋白产量养活饥饿人口，却被指控为"集中营"。为数不多的普通素食主义者和严格素食主义者，在公众面前抗议虐待动物行为，抵制浪费和污染。他们认为喂养牲畜浪费水土和谷物资源，肉食

---

① 又称密集型畜牧业或工厂化畜牧业，是指在一定的土地（草原）面积上集中投入较多的生产资料和劳动，采用新的技术措施，进行精心饲养的畜牧业生产经营方式。——译者注

工业制造污染问题。是的，让有感知的动物被圈养在牢笼里是无论如何也不能忍受的。但我们需要从更高层面看待这个问题，如本书上一章所阐述，对绝大多数农民来说，健康的畜禽养殖业也将为他们谋得利益。不要把养殖业整个毁掉！

同样，国际粮食贸易也在"短链"流通和地区化供销的逐步推进中被污名化。在全球市场自由化的背景下，农民深受价格波动频繁困扰，难以持续增收，这一不良影响无疑肯定了大众对国际贸易的指摘。他们通常认为自己是集约农业的受害者，因为他们被迫转向新模式来维持好生活。一方面，农民必须维持生产；另一方面，面对不断上涨的农业生产资料和接连下跌的农产品价格，为了稳定经营性收入，避免农资投入增加引发的债务风险，农民不得不努力降低经营成本、减少投资、增加耕种自动化。辛苦耕作却收入惨淡，这是对农民的伤害。

现今饥荒横行

尽管今天的法国民众不再对物资匮乏感到恐慌，但饥饿依然存在，只是问题不再突出，它更多出现在极度贫困户和社会边缘人群中。法国传统美食文化在 2010 年被联合国教科文组织列入世界非物质文化遗产名录，然而在这个国度却有 900 万人无法达到一日三餐均衡的合理饮食。

对法国来说如此，对世界来说更是如此。许多穷人饮食结构至今没有转变，仍处于食物种类有限且数量不足（多以当地生产的谷物和小块茎①食物制成面食煮熟，有条件的加入油脂炸制食用）的状态，未能转向多样化且富含蛋白质、必需维生素和矿物质的健康膳食（含有各类新鲜果蔬、干果、牛奶制品或其他动物乳制品）。他们备受饥饿之苦，只因欠缺生产力、缺乏购买力。

社会和经济现实如此残酷——除非自己拥有土地，有能力和财力生产健康又多样的食物，否则你如果想要任何季节都能吃到新鲜且健康的食物，就必须以昂贵的价格购买。与产量稳定、价格低廉、保质期长可以长期贮存的工业食品不同，健康食品极易腐烂、生产标准高。正因如此，由消瘦变得肥胖的多是穷人。

在人类历史上，粮食始终是主要战略武器。还有什么比饥饿更能让一个民族屈辱不堪呢？过去，焚毁粮食、投毒井水、侵占庄稼都属于用粮食做武器的行为。如今，在也门、叙利亚、苏丹的战争中仍不乏其例。未来，粮食战争可能规模升级，并以阻断粮食供应为重要手段。粮食禁运、粮食封锁、围剿切断敌方粮食补给等各类战术都被验证有效。当今世界小麦出口的 94% 集中在全球仅 10 个国家！销售稻米和玉米的粮食巨头屈指可数，一旦收成不好，他们会毫不犹豫暂停出口以保本国市场粮食供应。

世界各地的"粮食骚乱"

全球谷物产量近 4 亿吨，其中仅 15% 参与国际贸易，但这

---

①　2019 年公布的植物学名词，由腋芽或不定芽发育形成的一种肉质小球，但不具鳞片，类似块茎的变态茎。如薯蓣、秋海棠等。——译者注

15%却决定着粮食的价格。粮价飙升，人们纷纷走上街头游行以示愤怒。对低收入群体来说，食品支出占其消费总额一半以上，此外还有交通和住房等必不可少的支出，过日子必须精打细算。他们相机而动，各地随时可能爆发粮食骚乱。2007—2008年，全球有超30个国家爆发因粮食大危机引起的社会动荡。

2019年，伊拉克、海地等多地连续发生因生活成本上涨而引起的骚乱，民众严正声讨政府无能……假设你住在贫民窟，收入的80%用于满足家庭生活必要开支，那么肯定无法抵御粮价飙升带来的冲击，也许因此就过上流离失所无家可归的日子。粮食匮乏酝酿一场接一场的危机。到2050年，非洲谷物短缺可能超过1.1亿吨，是南亚短缺量的2倍。谁来养活他们？

地区冲突引发的极度饥荒杀伤力不容小觑，与之相关的婴儿死亡率居高不下，每年受影响人口超过1亿，这也是穷人遭受的隐性饥饿问题之一。他们中大部分是农民，但也有越来越多的城镇居民加入。这是因为农村人口外流，曾经被遗忘在乡村的大量人口持续涌向避难城市。农民除了承受繁重劳苦的农活，每天还忧心忡忡，暗自担心未来。世界约3/4人口生活在非洲和南亚，印度是全球最大的饥饿国家，有超过2亿人处于营养不良状态，众多儿童死于堆满腐烂谷物的仓库旁。亚洲仍有5亿多人挨饿，非洲则有2.5亿人，而且饥荒也重返拉丁美洲！

全球有超过10亿人营养不良。家庭为了抵御风险而采取的策略加重了整体问题。越是贫穷的农村地区，人们越热衷生孩子，因为更多的孩子可以增加家庭农业劳动力，也可以负担必要的家务，而且他们还有养儿防老的观念。在尼日尔，每个农村妇女平均生育 8 个孩子，几近人类生理极限。如果制约人口增长的必要因素，如教育水平、平均结婚年龄和生活水平无法提高，现在拥有 2100 万居民的萨赫勒地区国家到 2050 年人口将增至约 7000 万！

巨大的人口压力导致环境过度开发、生态加剧恶化——缺少休耕、过度放牧都会损耗土壤肥力。前途无望，年轻人纷纷离开村庄寻找更多机会。大部分人选择周边城市或邻近国家，但也有人奔赴黄金国①寻梦——西非人口中所谓的"探险"。这实际上是最危险的旅程，对这些在原籍国受过良好教育的勇士来说，离乡背井意味着失去自身优势，也意味着国家的损失；对于接受国来说则破坏了地区稳定，民族主义、仇外情绪和民粹主义滋生蔓延。

当中国绿重现……

非洲农业情况十分矛盾！非洲大陆拥有全球 60% 的可耕土地，却只有 1/10 得到有效开发。非洲粮食进口开销节节攀升，其主要原因是众多沿海分布的城市过度依赖粮食进口。此外，对粮食进口征收关税也是非洲各国政府一大财源……

---

① 别称黄金城、黄金乡，为一个古老传说，最早始于一个南美仪式，部落族长会在自己的全身涂满金粉，并到山中的圣湖中洗净，而祭司和贵族会将珍贵的黄金和绿宝石投入湖中献给神。此处指富饶富裕国家。——译者注

农民很难进入农业食品流通环节——他们收益低、风险大，收成质量偏低，基础设施薄弱。要推动农业发展，不仅需要投资现代工业化农业，更重要的是投资小农农业还农民以国民待遇，增加农民购买力，拉动农民消费。只有优先发展农业的国家才能走出困境。可惜的是，他们宁愿花钱进口，也不愿意为此付出努力。

粮食危机正威胁着我们。中国对此了然于心。中国只拥有地球7%的土地和6%的水资源，为了养活14亿人口（约占世界人口1/5），其国内对石油、玉米、大豆、苹果和金属有巨大需求。中国为此大力推行新丝绸之路建设，倾力实施这一宏伟投资计划。"一带一路"是2013年启动的合作倡议，致力于打造贯穿沿线各国及附近海域的铁路、海运、港口和公路互联互通网络。中国时下四处进行土地和战略企业的跨境并购，如在种子和植保产品全球领先的农业公司先正达①，在2016年被中国化工集团公司收购。而我们"谈药色变"，拱手相让植保农药制造商，未来或许会因此遭遇危机。

中国主动发放巨额贷款，使许多遭受粮食危机的国家受惠。中国将大量投资集中在农学、遗产学、机器人学和人工智能等方面。与其他新兴国家一样，中国决心解决经济快速增长带来的生

---

① 全球农业科技巨头，集团业务遍布全球100多个国家。2017年中国化工集团公司宣布，完成对瑞士先正达公司的交割，收购金额达到430亿美元，这也成为中国企业最大的海外收购案。自此，美国、欧盟和中国"三足鼎立"的全球农化行业格局形成。——译者注

态环境恶化问题——自来水污染、对有毒化学试剂的依赖、生态
系统退化、食品欺诈、食品质量不达标等。

曾经历过知青岁月的习近平主席深知粮食的战略意义：如果
忽略农业，轻视粮食生产和粮食安全，疏忽应对经济萧条及各类
危机的粮食储备，饥饿必定卷土重来。中国将赌注押在玉米上，
将接近 1/5 土地用来种植玉米，而这种作物在我们这里是总被批
判的。中国已成为世界第二大玉米生产国，产量达 2 亿吨，约占
世界产量的 1/5！中国不再是只产稻米（南方种植）和小麦（北
方种植）的国家。被联合国粮农组织一再看作"次要"谷类作物
的玉米，既可做人类口粮，又可为牲畜饲草料。对中国来说，没
有这些粮食就没有安全。

大田农业的重要作用

增加粮食供应、改善粮食营养和卫生安全迫在眉睫。在富足
的世界中，缺乏购买力的人会成为饥饿群体，而增加粮食供应就
可以让粮价降低，使底层人士也能获得粮食。任何引起粮价一再
飙升的因素都是危险的。无论围绕粮食发生的变化多么细微，如
对粮食短缺的恐慌、囤积粮食、出口限制、游资投机等因素，都
会对价格产生放大效应。

但是在哪里生产，如何生产？全球耕地面积仅占土地总面积
的 3%。我们的蓝色星球 70% 的面积被水覆盖，其中大部分是海水
（淡水只占总量的 3%）。政府间气候变化专门委员会在其 2019 年

8月的报告中指出，在1.3万亿平方千米的无冰土地中，只有12%得到开发利用。非灌溉面积占10%，灌溉面积占2%，总计1600万平方千米；畜牧业方面，占用了37%的土地（3400万平方千米），其中2%被集中使用；其余是稀树草原、沼泽地和人造大草原，人工造林占用22%的土地面积。大田农业是粮食战争的命脉。要在2050年生产出人类所需的35亿吨谷物，粮食生产率必须每10年提高14%。大田农业占据地球16亿公顷土地的半数以上，并提供了全球2/3的粮食。

大田农业在应对气候变化方面也发挥着重要作用。在法国，大田作物储存了土壤中捕获的碳量的1/4，此外还可以通过种树篱，在地块间种植树木，推广套作种植高效吸收硝酸盐的植物，如豌豆、蚕豆、金花菜、三叶草、黑小麦等方式来进一步提高碳捕获。

要养活全人类，至少需要6亿吨小麦、5亿吨大米、3.6亿吨大豆，相当重要的是还需要12亿吨世界第一大粮食作物——玉米。这些都是人类不可或缺的食物，也是家禽家畜的饲料（在贫穷国家，玉米既可用于交通运输、纺织衣物和能源燃料，还是绿色化学和可再生生物质能源供应的必需品）。

目前，世界各地粮食部门都在考虑改善其生态系统服务，主要是通过采用高环保价值（HVE①）认证体系。例如，法国于2019年11月在图卢兹举行的玉米种植者大会上，玉米种植者共同

———————————

① Haute Valeur Environnementale 的简称，是法国农业部推出的农业环境认证的最高等级。——译者注

承诺到 2025 年从土壤中增量捕获 100 万吨碳。2015 年《联合国气候变化框架公约》第 21 次缔约方大会（COP 21）上提出了"千分之四"全球土壤增碳计划，旨在每年增加 0.4% 的土壤碳储量。要做到这一点，必须限制森林采伐、封草禁牧……并且监测大田作物农田的管理措施，这些举措都为固碳比例增长提供了大量空间。

今天，尽管全球有 77 亿人口，但在一次次的农业进步和绿色革命推动下，世界粮食供应足够养活每一个人（不幸的是，这受到购买力的条件限制，因为粮食生产已经适应供销关系的进程，而饥饿人群绝不是消费者）。如果管理得当，1 公顷玉米地可以提供近 15 吨粮食，而且不会破坏地球使土壤贫瘠，也不会破坏生物多样性。例如，在美国中西部和法国西南部，连作玉米已经近 50 年，通过连作产生了极高的生物量①，从而捕获大量二氧化碳，使贫瘠土壤得到重复利用。

因此，人口过剩的概念是相对的：它取决于人们所掌握的技术对环境的利用程度。采集经济的前提是人口密度低，且需要人类在广袤土地上不停迁移。在刀耕火种的情况下，大量的土地储备必不可少，因为恢复地力需要时间和休耕。相反，当农业具有生产力时，就能够在不休耕的情况下为高密度人口提供可持续的粮食供应。

① 广义的生物量是指生物在某一特定时刻单位空间的个体数、重量或其含能量，可用于指某种群、某类群生物的（如浮游动物）或整个生物群落的生物量。狭义的生物量仅指重量，可以是鲜重或干重。——译者注

那些声称现代农业下土壤已死的人，并没有花足够多的时间和农民待在一起——造成土地死亡将完全违背农民维持土地肥力和生产力的需求。农民通过智能化轮作、施用绿肥①来增辟肥源、改良土壤，如果是有机环境，就合理施用有机肥。如果人们决定将饮食结构转向素食，正如反肉类运动所希望的那样，那么就必须进一步提高大田农业的地位。而且关停畜牧业能否让地球变得更好也未可知，因为这样做意味着不再使用有机肥，会使有机农业问题更加繁复。

生态足迹②的谬误

穷人仍然面临营养不良的问题。那些无法购买生产资料和食物，或者不能生产足够粮食的穷人，被困在劳作繁重、极易受气候变化影响且缺乏技术手段的境况中，风雨飘摇。而诸如生态足迹之类指标则低估了人类文明创造兼具耐受力和恢复力系统的能力。"我们屈居于富人的重压之下，他们贪图不再生资源。如果每个人都像美国人那样生活，地球是无法满足人类的。"地球超负荷

---

① 用绿色植物体制成的肥料。绿肥是一种养分完全的生物肥源。——译者注
② 也称"生态占用"，是指特定数量人群按照某一种生活方式所消费的、自然生态系统提供的各种商品和服务功能，以及在这一过程中所产生的废弃物需要环境（生态系统）吸纳，并以生物生产性土地（或水域）面积来表示的一种可操作的定量方法。——译者注

日①，承载能力超负荷……谁没听过这些警示？生态足迹问题已成为焦点，但它毫无意义。这是 1990 年提出的定量核算体系，假定用于维持人类生存所需的生物资源数量与能够持续地提供资源或消纳废物的、具有生物生产力的地域空间面积直接相关。但是按照这种方法核算的生态足迹，当指定人群内（一个人、一个城市、一个国家或全人类）的生活水平提高和人口数量增加，足迹却减少——自然环境会不知不觉归顺于人类团结的力量！

　　生态足迹是反映生态承载能力的概念，它低估了农学的发展和提升土壤固碳增汇的潜力。各类型土地配以相应"生物容量"权重系数，以全球性公顷②为单位，进行折算。即用单位公顷的具备生物生产力的土地乘以单位全球性公顷的均衡因子③。这种计算方法与马尔萨斯牧师在《人口原理》（1798 年）中的方法论犯了同样的错误，他认为随着人口的增长粮食资源会越发短缺——"在地球的盛宴中，穷人身微言轻。"当时全球约有 10 亿人，大量人口饥火烧肠：值得尊敬的牧师没有预料到绿色革命，跟生态足迹没有考虑到今天的农业转型如出一辙。随着变暖的两极植被生长，各地造林计划方兴未艾，地球正重新变绿，但生态

---

　　①　又称世界自然资源耗尽日。——译者注

　　②　1 单位的全球性公顷指的是 1 公顷具有全球平均产量的生产力空间。——译者注

　　③　$r_k = d_k/D$（$k = 1, 2, 3, \cdots, 6$），式中：r_k 为均衡因子；d_k 为全球第 k 类生物生产面积类型的平均生态生产力；D 为全球所有各类生物生产面积类型的平均生态生产力。——译者注

足迹却不断增加，因其背后的哲学基础是反人道主义和对现代农业工业化的憎恶。那些用其他交通工具代替自行车或步行的人，那些吃肉、不买有机食品的人，对生态足迹的设计者来说，都是这个星球的毁灭者！

我们必须放弃马尔萨斯理论，因为他认为贫穷和穷人的消亡可以接受。丹麦经济学家埃斯特·博塞拉普在他1970年出版的《农业增长的条件：人口压力下农业演变的经济学》一书中提出和马尔萨斯理论截然相反的论点。他指出人口密度的增加推动了耕种体系的变迁和农业技术的创新，土地产量得到提高，这种劳动更密集的集约化自然不会仅表现为对环境的破坏或加剧土地的贫瘠化。不然我们又怎能面对自20世纪60年代末以来，世界人口倍增、人均粮食供应量增加30%的现实挑战呢?！

2019年夏末，亚马孙森林火灾频发，当地人刀耕火种的农业生产方式暴露于众，遭到全世界范围的谴责。刀耕火种的耕作方式是热带地区数千起火灾的罪魁祸首，当年尤为干旱的天气更使大火持续燃烧蔓延。人们忘记了在这些极度落后地区，生产技术是以无节制消耗土地为基础的，需要依靠长时间的休耕才能让土壤"自然"再生。而这正是现代农业系统所驳斥的，现代农业需要有效利用土地资源以养活更多人口。

1950—2010年，全球农业生产率增长3.5倍，但耕地面积只增长了13%！种植玉米、稻米、大豆、果树、牧草……这些生产方式既不耗尽土壤，又提供了大量的粮食，比起过去需要充裕土地供应和极低人口密度才能实现的烧山垦荒和游牧迁徙，能够养活的人口要多得多。当然，没有水万物难以生长，想要生产系统实现现代化，就必须确保稳定的供水和良好的灌溉排水管理；要应对气候变化，就需要强大的储蓄雨水能力，以便干旱季节可以使用；或者选择合适的植物种植，这就需要研究可以被大规模复制应用的种植方案。

固然，人类占领了地球，且人类的扩张使其控制范围越发宽广，可这并不意味着人类必定要消耗资源殆尽直至摧毁地球。关键是，人口和资源之间并不如马尔萨斯所认为的那样只存在竞争关系。世界人口将在2100年前达到峰值，随后萎缩下降。人类正在加速老龄化，但如地理学家热拉尔-弗朗索瓦·杜蒙所说，我们更应该关注人口"内爆"①"而不是人口爆炸。

至于资源，其储备并不会随世界人口增长和人民脱贫致富而耗尽。就像可将蛋糕切分成越来越多的薄片，只要拥有不断创新的智慧，切分技术持续改良，蛋糕就可以取之不尽用之不竭。

但要做到这一点，必须对未来保持信心，不怨天尤人。我们需要建立生态上可持续且稳定，并具有抗风险能力的农学系统，同时保证生产者实现高产增收，保障其生存发展。

永远不要忘记农民

当世界只有3%的土地可被耕种时，我们就没有犯错的余地。

---

① 人口学的一个概念，指一个国家的生育率如果低于1.3，那么每过45年，这个国家的人口就会减半。——译者注

人们过去犯了很多错误，认为土地充裕、水资源取之不尽，过度使用未尝不可，即使破坏森林和开采深层地下水也不会在未来引发问题。但如今，世界上 1/3 的土地受到生态系统退化的影响，20 亿人生活在这些受到侵蚀的土地上。想要受干旱灾害影响地区重新绿化，就必须严格限制气候移民人数，并通过改善光合作用对抗生态系统的退化。所有国家都在发起行动。中国启动了世界上最大的植树造林计划以减少沙尘暴危害——目前其森林覆盖率已接近 25%。印度也在效法中国。

从太空观测，蓝色星球绿化增量明显，这不仅是因为高纬度地区的气候变暖，更因为人类除了遍地植树造林，还四处栽种庄稼，如建立果园，种植牧草，栽种树篱，培植藤蔓植物、大豆和玉米等，这是集约化生态农业的良好范例。挽回植被破坏对人类造成的损失已经成为可能，尤其是在低纬度地区。在萨赫勒地区，农民正联手拯救他们的土地，农业现代化的进程改变着当地的景观并创造繁荣进步，重新绿化指日可待。

在非洲，尽管有 7 亿人生活在农村，土地利用却仍然不足，非洲大陆严重依赖粮食进口以养活城市居民。对于农业问题可以通过经济角度分析，把土地交给投资商管理以期实现多产。但是农民问题也不能忽视，因为贫穷和饥饿会引发冲突，冲突又会加剧贫穷和饥饿，造成农村人口外流，导致大量贫民在棚户区积聚。未来非洲需要有担当敢作为的农民。

我们都很清楚实现农业现代化、推进农村繁荣进步的有效途径有哪些。首先，政府必须有投资小农农业的意愿，有效发放补贴用以提高农资（种子、化肥、农药）投入，及开展农村培训计划（避免资金浪费，减少农业浪费，防治环境污染，防止农药滥用引发的中毒事件）。政府还必须建立可持续水管理基础设施（灌溉设备，排水系统，高盐废水处理设备），和可持续土壤管理基础设施（防侵蚀堤坝，绿化荒山，农田垄作，种植中耕作物，筑树篱或建围场、护栏防止野兽家禽破坏庄稼）。如果村庄位处保护区边缘，而被相关管护局排除在打猎、放牧、采集和耕种区域外的大象、河马和牛羚就会成为农民的心头大患。最后，必须建造筒仓和粮仓来储存粮食——如果储藏在农民自建的谷仓里，那么因为有害生物防治不足引起的损失就会增多，储粮害虫、鼠类和霉菌极易破损粮粒。但是，如果没有可创收的销售渠道，所有一切都是徒劳。为了保证生产和再投入，农民必须将粮食售出。这需要合作社、生产者联合组织、公平贸易伙伴的帮助。

不管在哪个国家，农民都应从其劳动成果中受益，无须顾虑无法获得劳动相应酬劳，无须发愁收益能否覆盖购买种子、病虫害治理、灌溉水费、减轻劳动负担的机器等支出成本。合作社、生产者联合组织和农民工会必不可少。在任何地方，孤立无援的农民都可能被劫掠。非洲国家和法国的农机专业合作社，汇集农民经验共享设施设备，使用吊臂机、拖拉机、粉末雾化器、收割机等专业机械，既提高生产力又让农民轻松种粮。

当政府认识到投资农业、保护小农农业的重要性，得到强有力的国际援助支持且专款专用，这一切就可能实现。一个国家可能一日千里地发展，也可能急剧失势粮尽援绝（委内瑞拉、古巴、海地、津巴布韦、叙利亚、也门、苏丹……)。在任何地方，政治决策都具有决定性作用。

在土地开发利用的过程中，由于技术水平较低而造成的土地拥挤乱象是可以避免的。采集经济中，人口过剩的标准是每平方千米有10人，而在水稻种植、农业生态系统和农林复合生态系统中，则是每平方千米轻松养活1000人。实现生产多样化，通过当地加工制造业创造就业机会和社会价值，保护农民权益，招商引资，发展合同制造①模式，实现城镇自给自足……这些都是带领饥饿国家走向繁荣的革命性因素。还有，保护地球！

以上条件一一满足后，只需要短短几年，农村就会发生翻天覆地的变化。农业上下游创造了就业机会，农民生活水平得到提高，农村儿童数量减少，农民工返乡潮……受冲突与暴力影响的极端贫困国家将重新焕发生机，环境状况会全面改善，且营养不良人口比例也会呈明显下降趋势。类似例子在现实中并不少见，如卢旺达、加纳、埃塞俄比亚，非洲之外的厄瓜多尔、秘鲁、多米尼加共和国等。甚至在长期被认为不具发展潜力的孟加拉国，全国1.7亿人口中的极端贫困和饥饿人口也在20年内减少了半数。当然，营养不良的人口占比依然有15%，但这一比例在2000年可是30%！

---

① 指企业与其他制造商签订合同，并由该制造商生产产品，而企业负责产品销售的一种合作形式。合同制造模式有利于在更大范围内提高现有资源的利用率，促进产业链的细化，利于产业链的专业化和规模化。——译者注

用技术武装农民，他们就会拯救世界。创造荒漠变绿洲的奇迹，不仅仅是为了防风固沙、土壤修复、减缓气候变化，更是各国持筹握算的结果——缔约方大会和众多绿色基金方兴未艾的时代里，对生态的投资能助力各国获得环境项目资助，目前，这一点也被越来越多的国际援助纳入发放的考核条件之中。

绿色长城①

由此，非洲联盟自 2005 年以来持续发力，推进绿色长城落实，这项西起达喀尔东至吉布提市的计划旨在恢复萨赫勒地区 1 亿公顷被过度砍伐或退化的土地。塞内加尔北部地区是实施该计划的先进示范区，依据地理学家保罗·贝里斯耶提供的管理方式，这里主要栽植具有经济效益的植物，采取经过严格筛选的原始社会农业耕作方式，将萨赫勒大草原变为满盖蔬果和绿植的"公园"。

减少森林退化导致的温室气体排放增多以缓解气候变暖，对这个地区来说意义重大：绿色的萨赫勒将变得没那么炎热，因为绿色植被叶片的反照率更低，保持了周围的空气湿度。经过精心甄别筛选的物种，对环境有适应性，兼具食用、药用和生态价值，

---

① 一项由非洲联盟主导的计划，沿着撒哈拉沙漠南缘的撒赫尔地区种植跨越非洲大陆的树墙，目的是防止沙漠化，解决萨赫勒和撒哈拉地区在土地退化和沙漠化后所导致的社会、经济、环境的不利影响。——译者注

可用作牲畜饲料，以及作为薪材和经济材用于建造房屋、粮仓和防护种植园地阻挡野外生物的护栏、围栏等。

绿色长城的王牌树种要数木麻黄。这种又被称为"铁树"的树种原产于澳大利亚，它可以通过与植物共生形成根瘤，固定空气中的氮气为植物提供营养，从而在瘦瘠沙土中迅速生长。

猴面包树、棕榈树、酸角树、乳油木，尤其是刺槐树，这些树种在干旱季仍能保有树叶，可固氮于土壤，适合喂羊。跟木麻黄一样，刺槐树也是非常神奇的树！可以从中提取萨赫勒植物黄金——阿拉伯树胶，这在"有机和天然"时代备受青睐，是当地的一项宝贵资产，也为各国提供了重要资源。绿色长城机构还建立了由妇女经营的家庭菜园，助力妇女增收致富，并尝试通过创收方案留住年轻人，破解农村人才流失等问题。

优质种子是环境生态建设的重要保障

过往的绿色革命无疑带领人类战胜了饥饿，但其引发的生产方式过度集约化却是以破坏环境为代价的，要解决人类当前面临的问题显然不能再复现过去的绿色革命。印度借助高产杂交品种—化肥和农药—灌溉的"三步曲"成功消除了饥饿，但对营养不良和环境方面缺乏关注。因此，掌握现代农业生产技能的农民和仍然使用落后生产方式的农民之间不平等现象加剧，而后者是忍受饥饿甚至不堪债务而自杀的主要人群。

诚然，绿色革命并没有在非洲和南亚完成，粮食供应和积贫积弱仍是这两大区域的关键问题，促进粮食增产势在必行，但未来的发展必须同时建立在生态与社会可持续的基础上。

"双重绿色①，生态密集"，联合国粮农组织如是总结。广大农民的第一要务难道不是学会气候智能型农业②，以保护为他们谋生的"劳动工具"吗？不，农民缺的是手段技能，而不是聪明才智。

由此可知，获得优质种子仍将是农业活动的核心环节。在现今因气候变化加剧，降雨时空分布受到改变、干旱灾情持续延长的情况下，它更是比以往任何时候都重要。农民自古以来就有再播种的权利，但这一权利的行使绝不能以牺牲农民利益为代价。通过多年选育品种来提高作物的性能，这就是人类历史的全部。20 世纪杂交选育的出现，使谷物产量在数年内增加了 2 倍，这使马尔萨斯的论点站不住脚。

相信玉米是其中最佳范例，因其生产迅速遍及全球。这是一种雌雄同株（既有圆锥花序的雄穗，也有肉穗花序的雌穗），利用杂交种优势获得最大生产成效的作物。在法国，过去所谓的农

① 双重绿色革命的简称。1994 年的康维报告首次提出了"双重绿色革命"的概念。报告中提出：我们需要进行第二次绿色革命，但不是第一次绿色革命的简单重复。这次绿色革命要直接面对贫民，让贫民的生活水平提高，而且可操作性要强，能在不同条件的地方推行。此外，还必须确保环境上的可持续性。——译者注

② 气候智能型农业是人类为应对气候变化而提出的新型农业发展模式，是能够持续地提高生产能力、收入和对气候变化的适应能力，减少乃至消除温室气体排放，进而促进国家粮食安全和可持续发展目标实现的农业。——译者注

家品种是以传统农民自留种子为基础，其平均产量为 1.6 吨，而杂交种的平均产量为 10 吨。不过，农家品种的抗逆性状更优，且更具遗传多样性。生活在比利牛斯山地区的农民因为对老品种玉米的迷恋，今天仍在种植农家品种。

借助玉米的遗传多样性，育种者已经培育出能够应对气候变化挑战的新品种——具有耐病性、抗旱性、抗逆性（抵抗因早播引起水分胁迫）等的品种。法国种子名录已有近 2000 个品种！法国是世界上最大的玉米种子出口国。在夏天，许多学生会从事玉米去雄的工作：拔除部分雄穗的圆锥花序，使授粉雄穗的花粉集中供应雌穗，待所有雄穗散完粉后再全部剪掉。

种子生产商不仅是跨国公司，更是家族企业。他们兢兢业业地保存老品种种子，这是选育新品种必备的基因库。同一片区域栽种同一优良品种的农作物是有效提高作物产量和价值的必要条件，但一味扩大栽种面积导致大范围种子同质化则过犹不及。全球生物多样性并没有减少，尽管与农家品种相反的杂交系玉米田出现了显著的大规模同质化——农民收获了最想得到的。农民想要的其实是有效规避风险、确保投资见效，因此他们会选择具有特定优质基因、适宜当地气候土壤环境且具有抗逆性等的品种进行播种。但农民同样也需要玉米广泛的利用价值，其种质资源中的遗传多样性与用途的广泛性成正比：可作为人类食物（制作爆米花、生产淀粉、加工玉米面、制油、鲜食等）和动物食物（青饲玉米或专用青贮玉米），在绿色化学领域和能源供应方面的综合利用等。目前玉米有近 4000 种用途。

土豆、亚麻、小麦、油菜、甜菜、葡萄……植物材料提供了丰富多样的化石燃料替代品。许多国家，特别是法国，已规划部署多项立足生物资源开发利用的国家战略，生物资源产业将为保障环境生态建设提供物质基础。

为应对人类面临的多重挑战，种业公司越发重视拓宽品种范围标准。高产、稳产以及抗虫、抗倒伏，这些过去我们重视的种子特点固然重要，但育成对气候变化有适应性以及满足新中产口腹之欲和营养需求的新种子也不可偏废。全球每年有 2 亿人脱贫！农产品质量安全与数量安全同等重要，我们需要加大新种子和优秀种质资源的培育力度。

农民最关心的问题还包括如何降低作物损失，因为全球作物损失大于作物产量的1/3。试想这个场景：农民播种，降水停歇，大片飞蝗来袭啃食着即将被收割的庄稼田。以耕种土地为生，意味着农民承担极高风险，任何不测风云都可能让他们辛苦忙活一年的心血付诸东流。春种秋收、寒耕热耘，农民常常为购买农资或获得可动用资金与银行或高利贷签订收成抵押贷款合同，最后却由于无力偿还高额债务而只能任由银行摆布或被高利贷宰割。同时，毁灭性气象灾害（暴风雨、冰雹、洪涝、持续干旱）造成的大量牲畜死亡，动物瘟疫导致的大规模扑杀，消费者日趋严苛的要求和期望带来的越来越严格的农业作业标准，这些难题都压得农民喘不过气来！

我们自然可以为农民自留种子的习惯进行辩白：农民必须有选择的自由，任何人都不该强迫他购买种子……但这样做是有损失风险的。如果来年重新播种，期待的收成和回报不一定会如期而至。

在法国，有许多生态运动①控诉杂交种有诸多弊病（增加品种脆弱性，对育种公司形成依赖，高投入……），倡导使用农家品种，即所谓的地区性品种。一些机构甚至吹嘘可出售未列入官方名录的种子，自认为是一种反资本主义的抵抗行为。他们出售的各类种子同样价格不菲，但最终也只能风行于小农场或学术团体研究项目，效果甚微，收益低下，最终导致成本更高。取得官方许可的种子生产企业也痛批育种制伪、仿制等层出不穷，有些机构销售其种子名录中的培育新种却谎称农民自留种子。有关部门相继查处大批案件，但只将此类行为认作对黑心育种公司阴谋的反击，判定为勇敢的抵抗，实属偏颇。

世界各国普遍存在种子质量安全、剽窃仿制、假冒伪劣问题和此类问题带来的不良后果。因此，许多穷苦的农民采取一地多种农作物的模式以最大限度地降低风险，他们期望无论如何都能有所收获，而不是如何最大限度地提高产能。但产量务必提高，除了用以供应城市，更多的只是为了解决个人温饱。小农们每年都要和家人一起花上一个多月的时间艰辛地清理自家的几公顷土地，而且每公顷只收获 1 吨谷物。他们比那些独自用拖拉机播种 300 公顷，每公顷收获 7 吨小麦的人要困难得多！后者养活了城市和歉收地区，但我们还是必须帮助小农们实现现代化，保护他们不在国际市场竞争中被淘汰。

---

① 又称"绿色运动"，是以保护生态为宗旨的运动。——译者注

必不可少的基因工程

时下各地的研究机构都在努力研发新品种。为了应对气候变化带来的挑战，人们研究早熟品种，甚至是能一年两熟到三熟的新品种。基因工程为应对挑战所进行的作物改良研发缩短了时间。

被称作 CRISPR-Cas9[①] 的基因剪刀技术，是具有革命性的基因组编辑工具，又被称为育种新技术或诱变新技术。这项技术的发明归功于两位年轻女性遗传学家——法国的艾曼纽·卡彭蒂耶和美国的珍妮弗·杜德娜，她们也因此获得了诺贝尔化学奖。这项技术的问世使快速筛选抗盐碱、抗干旱和抗虫害等有用性状相关的基因成为可能。

针对不同作物的基因组测序工作进展迅速（但需巨额资金投入），测序技术的进展为应对挑战提供了快速途径。这一诱变技术不过是在不停地仿制自然发生的遗传过程，但在欧洲却遭到了禁用。一些育种专家和农民要求获准使用这项精准的生物技术，他们认为这项技术对于提高农业适应力必不可少。

在禁止开发更具气候变化适应性新品种的情况下，我们还能否推动农业生态化发展呢？面对疯狂繁殖的外来入侵物种，却不准生产增强抵御外来侵害能力的品种，也不允许使用控制外来物种的有效防治技术？这就是欧洲农业的窘境，所有领域的经济参与者都必

---

① 一种基因治疗法，利用该方法能够通过 DNA 剪接技术治疗多种疾病。——译者注

须遵从环境法律法规，立法日趋严格，规范却缺乏逻辑自洽性。

为应对环境问题带来的挑战，世界各国竞相投资基因工程，新兴国家，如中国和印度等，赫然在列。转基因植物已经在 26 个国家栽种，其中 21 个为发展中国家，面积约占耕地总面积的 15%（近 2 亿公顷），主要由小农户种植。种植面积最大的转基因作物为大豆（近 1 亿公顷），其后依次是玉米（约 60 公顷）、棉花（约 25 公顷）和油菜（约 10 公顷）。

在热带非洲，对布基纳法索的农民来说，种植 Bt 棉①意味着农药使用量降低至原来的1/4，减轻农民劳动强度的同时，生产成本和使用农药带来的危害（棉花是最易受虫害影响的作物之一）也都得到了有效控制。但第一代转基因棉花的纤维质量不足，因其纤维过短遭到棉花加工企业诟病。布基纳法索现在正探索品种改良的方向，但研究重点终归是转基因棉花，这和自 2012 年以来推广普及转基因棉花的中国情况一样。非洲大陆的其他大经济体现在也争相投资转基因棉花，如尼日利亚、南非、埃塞俄比亚，以及最近加入的肯尼亚。

---

① Bt 是苏云金芽孢杆菌的拉丁文学名 Bacillus thuringiensis 的首字母缩写。来自苏云金芽孢杆菌的 Bt 毒蛋白，在昆虫中肠道碱性环境中会被降解为具毒性的活性肽，并与昆虫中肠道上皮纹缘膜细胞上的特异受体相结合，引起细胞膜穿孔，破坏细胞渗透平衡，最终导致昆虫停止取食而死亡。而对人畜安全。Bt 棉是体内融合了 Bt 杀虫基因，能够稳定地合成 Bt 毒蛋白，并有效地减轻棉铃虫等相关害虫的危害，降低农药用量的一种转基因棉花。——译者注

何必伪善

Bt，是苏云金芽孢杆菌（Bacillus thuringiensis）的首字母缩写，这是一种广泛存在于自然界的杀虫细菌，距被发现已有 100 年的历史。当人们为了保护玉米生长免受欧洲玉米螟危害而将 Bt 导入玉米时，绿色和平等反转基因非政府组织就对相关问题展开了激烈论战。反转基因活动家们以猛烈的攻势引导反基因舆论，散布仇恨和恐怖情绪。还记得骷髅头骨、被践踏的田地、穿着黄色潜水服的年轻潜水员吗？这些都是这场崇高且必要的战斗的标配！

随后，大叶黄杨巢蛾①出现，开始攻击破坏法国最美遗产景观——城堡里纵横交错的迷园，德龙省枝繁叶茂的百年林荫道，以及私人花园里一掷千金打造的精致树丛……如今，为应对虫害侵扰，Bt 以多种配方被大量应用在园艺植物中。这些防治配方的宣传标语是用最环保的方法防治这种让人头皮发麻的虫子。这种体色为黑白两色的蛾子在夏天遮天蔽日地群集爆发，虫卵黏稠浓密地包裹着每一棵树，幼虫密布拼命地啃食叶片。因为大片植株枯萎，枯木引发火灾，很多百年林荫道毁于一旦。我们无非想要找到办法解决这些蛾子，无奈那些外行人永远不需要为自己加入错误倾向的斗争而承担刑事责任！

在欧洲，西班牙和葡萄牙允许农民种植对欧洲玉米螟和大螟

---

① 属鳞翅目，巢蛾科，主要危害扶芳藤、大叶黄杨（包括金心、金边、银边黄杨等变种）。——译者注

都有显著抗性的 Bt 玉米。与其他禁种转基因作物的国家相比，这
两国的杀虫剂和燃料使用量大大减少（前者减少 40%，后者节省
60 万公升）。从逻辑上讲，他们也因此向大气中排放更少的二氧
化碳。经济实惠，节省时间，作物质量更高，农药喷洒更少，霉
菌毒素污染更少……不管是为了地球还是为了农民，该如何选择，
结论不言而喻！

然而，欧洲一贯坚持反对的立场。矛盾的是，欧洲大量进口
转基因大豆用于喂饲牲畜，而且转基因技术在现实中有着广泛的
应用，尤其常见于酵母，如在面包、巧克力和香肠中添加转基因
酵母。大多数情况下，欧洲民众并不了解这些转基因品种的应用
场景，通常只在非政府组织的反转基因斗士控诉时才会听说……

2016 年，107 位诺贝尔奖得主呼吁绿色和平组织停止对"黄
金大米"的讨伐。"黄金大米"是一种富含胡萝卜素（维生素 A）
的大米，由瑞士先正达公司研制，已投放市场多年。维生素 A 缺
乏是造成数百万儿童失明的病因。诺贝尔奖得主在致绿色和平的
联名信中写道，黄金大米养活了全世界 30 亿人的事实摆在眼前，
我们怎么能阻止推广这种富含营养的食品呢？

截至目前，尚没有证据证明，来自转基因工程的食物对人类
是有害的，除非在大肆宣传的虚假研究中。比如 2012 年的一项研
究发现，在对老鼠喂食了农达除草剂（草甘膦）耐受的转基因玉
米后，老鼠患上巨大肿瘤。此事引起公愤。随后，欧洲花费 1200
万欧元资助对该研究进行科学完整复现式的重复实验，证明此前
研究报告提供的是有偏见和被歪曲的事实。经此一役，该研究遭

科学出版物撤稿，但公众记忆中只留下那些老鼠。事情往往就是这样……诽谤，制造怀疑和恐惧，就总会有些问题发生……

然而，随着舆论风向的转变，反转基因非政府组织现在把他们的敌意更多转移到"杀虫剂"上。借着同样恐惧和愤慨的缘由，提出相同的论据，诸如"大资本"操控，收买鲁莽草率的小农毒害他们自己，厚颜无耻的企业只关心利润……本书稍后还会用专门的章节来讨论"杀虫剂"。

现在我们言归正传，回到转基因生物。为了养活更多的人，保护地球的环境，我们必须在最短的时间内通过精准农业获得更多的产出，而转基因生物就是解决问题的答案。特别是在有机农业方面，由于农民不得使用任何化学合成的植保产品，被广泛使用的普通小麦品种霍诺①，是利用基因编辑开发出的对多种病害具有抗病性的作物，具体可抗锈病、抗线虫、抗赤霉病、抗白粉病等。自 2015 年开始在法国种植的六倍体小麦是一种新型谷物，由一种硬粒小麦和一种原产于南美洲（智利和阿根廷）的野生大麦杂交而成。它提高了小麦对真菌疾病如白粉病等病虫害的抗性。

不要再伪善了！疯狂收割用于培育转基因新品的试验田，毁坏做研究的实验室，这些做法都是在损害生物多样性！自然界有

---

① 法国国家农科院雷恩育种中心 1989 年培育成的冬小麦品种。这一品种高产、优质、抗病，单产一般可达 7.5—8 吨/公顷（合 500—533.3 千克/亩），兼抗锈病、白粉病、眼斑病、叶枯病等多种病害抗性，是法国目前最好的品种之一。——译者注

那么多的细菌、病毒和朊病毒①，不仅会侵染植物、攻击牲畜，还可能扩散到一些被人们神圣化的野生物种身上，进而损害农田的生物多样性。农田的生物多样性养活了我们，其价值不言而喻！今天，反转基因生物的共识正在环保阵地中瓦解，尤其是在德国绿党②中。

种子的奇迹

认为我们正在丧失取之不尽、用之不竭的生物多样性是不切实际的。自新石器时代以来，选育品种种植就一直是维持农业发展的支柱。法国作为世界上最大的玉米种子出口国，却在比利牛斯山建有保存古老地方品种的种质资源库。印加人和玛雅人（"玛雅"一词的意思是"玉米民族"）无尽崇拜着谷物，这两个民族分别位于秘鲁和墨西哥，而这两个自诩"谷物神之父"的国家也和法国有同样的情况。

有一类专业种植老品种苹果的果园（拥有多达全球 6000 个品种），由社会各界爱心企业和热心人士资助维护，其产出不与粉红

---

① 朊是蛋白质的旧称，朊病毒意思就是蛋白质病毒。朊病毒严格来说不是病毒，是一类不含核酸而仅由蛋白质构成的具感染性的因子。朊病毒又称朊粒、蛋白质侵染因子、毒朊或感染性蛋白质。——译者注

② 由提出保护环境的非政府组织发展而来的政党。绿党提出"生态优先"、非暴力、基层民主、反核原则等政治主张，积极参政议政，开展环境保护活动。——译者注

佳人（Pink Lady）和黄色的金冠苹果（Golden）同台竞售。选择这些品种并不是为了大规模生产和销售，而是它们具有的某些遗传特性丝毫不输新品种。它们背后蕴含的是极具生物多样性的宝库，对于应对气候变化和病毒、细菌、捕食性昆虫与有毒霉菌的全球化传染起着重要作用。

不管是传统育种、系统选育还是人工杂交，都需要改变作物基因，同属基因工程。种子从古至今都是人类经过长期选择耐心培育而创造出来的产物。最现代的种子集智能和技术于一身，俨然一款活络的生态软件。它们唯一需要做的，是在日益复杂的形势下应对养活人类和保护地球的挑战。

没有优质的种子就没有生机勃勃的植物，第三次农业革命也就无从谈起。

第 4 章

从生产主义到
环境保护主义

　　人类经历的第一次和第二次农业革命内涵都是围绕提高农作物产量，第三次农业革命则大相径庭。

第一次与第二次农业革命

　　在 18 世纪和 19 世纪期间，第一次农业革命诞生于盎格鲁 - 撒克逊时代的欧洲。彼时人口稠密的荷兰取得多项创新技术成果，英国资产阶级则通过圈地运动①手握大量土地储备，他们野心勃勃又拥有创新资本。在此背景下，先进的农业生产技术被

---

　　①　圈地运动现象最早出现在 12 世纪，在 14、15 世纪农奴制解体过程中，英国新兴的资产阶级和新贵族通过暴力把农民从土地上赶走，强占农民份地及公有地，剥夺农民的土地使用权和所有权，限制或取消原有的共同耕地权和畜牧权，把强占的土地圈占起来，变成私有的大牧场、大农场。在欧洲，英国的圈地运动最为典型，规模也最大。封建制度时期，英国就已存在大规模圈地运动。——译者注

传入英国。过去农业以手工劳动方式为基础，采用三圃制①、休耕制等耕作制度，具有产量低、不确定性高等特点。新农业运用改良的马轭②使耕畜耕作效率提高，随着 1776 年瓦特发明的蒸汽机投入使用，农业快速实现了机械化，自此农业生产力实现重大突破。

还有其他技术和农学方面的创新，例如，引入饲料作物的方法使土壤在减少休耕的情况下恢复肥力，以及铁路的出现使粮食以更快的速度运送至更远的地方销售等。这些变革解放了人力，创造了资本，增加了农业盈余，更为工业革命铺平了道路。终于，欧洲有望结束那场载入史册的饥荒（在 1850 年至 1914 年间发生的饥荒致使 5000 万人逃往新大陆，这段历史足以影响欧洲的进程和世界其他国家后续的发展）。

然而，在两次世界大战及发生在 20 世纪 30 年代的大萧条中，普遍的营养不良和对救济食品的依赖在欧美卷土重来。世界的另一端，饥荒也席卷着非洲、中国和印度……谁还记得人类的历史就是一部饥饿史。第二次世界大战后，得益于马歇尔计划和美国的援助，第二次农业革命在欧洲应运而生。出现在农村的拖拉机

---

① 又称"三区轮作制"，是一种典型的西方农庄的轮耕制度。耕地被划为条形，封建主的土地和农奴的土地互相交错。耕地大致被分为春耕、秋耕、休闲三部分，轮流用于春播、秋播、休闲。每一块土地在连续耕种两年之后，可以休闲一年。——译者注

② 中世纪欧洲发明的加垫马轭可使马在不窒息的情况下全力拉拖。——译者注

开始取代精良的耕马，原本细碎分散的土地被重新整合与分配以加大农机作业的便利性。

源自美国的杂交种子（在法国由法国国家农业科学研究院审定）在欧洲逐渐适应环境，同时使作物产量发生了革命性增长。农村合作社遍地开花，银行机构扶持农场现代化项目，更多技术人员也参与其中。农业食品走向工业化之路，以期满足"黄金三十年"① 婴儿潮一代日益增长的需求。法国开始着力研究盆地农业②。

"农民"从身份变成职业，生活条件得到改善。最明显的是，一项极其重要的农村基础设施方案，使城市和农村地区生活服务的差距得以缩小——建设电力网络、饮用水供应、固话业务，以及配备家用电器（如减轻妇女家务负担的洗衣机，使食物不再存放在地窖或阁楼的冰箱）。

如今，我们不再需要高呼进步的口号来持续运转。为对抗细菌感染，技术人员制定出作物防治时间表，农民只需要从容不迫地执行这些预防性措施即可。农民是"听话的士兵"，他们同意修整道路、拔除树篱，以便更好地使用农机设备。

---

① 指第二次世界大战结束后，法国在 1946 年至 1975 年这段时间的历史。在这 30 年间，法国经济快速成长，并且建立了高度发达的社会福利体系。法国人重新拥有世界最高的生活水平，工资大幅上升。并且许多农村人口迁移至都市，法国进入城市化社会。不过，在 1973 年石油危机爆发之后，法国经济增长减缓，黄金三十年亦随之结束。——译者注

② 法国最主要的工农业生产地区是巴黎盆地，号称法国最广阔、最肥沃的平原。巴黎盆地盛产小麦、燕麦、蔬菜和葡萄。——译者注

农业现代化的胜利结束了农民繁重的农活。而现代化能成功不得不归功于政府的支持和共同农业政策①的制定。共同农业政策通过制定合理价格，确保欧洲消费者能够承担开支、生产者可以盈利，从而推进农村转型升级。现在，为确保粮食和卫生安全，农业生产正朝向标准化发展，但建立标准体系侧重的是数量的管理而非质量的监督。

农民从身份转变为职业后，对激励措施交口称赞。他们齐心协力之下甚至成功跳出"马尔萨斯陷阱"②："黄金三十年"间人口迅速增长，但随着粮食产量的急剧上升，城市粮食的价格不断压低，人们对物资短缺的恐慌也消失了。农民因产品单价降低遭受的损失，则可通过增加销量来弥补。

----

① 全称欧洲联盟共同农业政策，是欧洲联盟共同政策中的互助类共同政策，起源于 1957 年签订的《罗马条约》。共同农业政策改革的主要目标是使农业援助与生产总量脱钩，突出产品质量的地位，从而在需求与供给之间建立平衡，减少以增加环境负担为代价的农业生产。这些措施在进入 21 世纪时已经取得了初步的成果。2004 年欧盟东扩后，因新成员大多数还是农业国家，共同农业政策面临新的改革。——译者注

② 又称"马尔萨斯灾难""马尔萨斯停滞"。在工业革命之后，经过了 100 多年的时间，西方人口生产上的"两高一低"（高出生率、高死亡率、低增长率）逐步被"三低"（低出生率、低死亡率、低增长率）趋势所取代。许多经济学家认为高死亡率的各种因素，是人口在生产与农业时代生存资料实现匹配的关键过程，马尔萨斯说战争、饥荒和瘟疫都是促使人口下降到与生存资料生产水平相适应的道路，人口数量要在某种方式和程度上与农业发展成比例的观点是一个内涵的逻辑。马尔萨斯提出两个级数的理论：人口增长是按照几何级数增长的，而生存资料按照算术级数增长，这一理论被称作"马尔萨斯陷阱"。——译者注

共同农业政策于 1962 年正式生效，得益于共同体农民问题得到处理，欧洲随即成为世界第二大农业经济体。法国排在首位，粮食产量占欧洲总产量的 1/5。到 20 世纪 70 年代，欧洲结束了粮食不安全状况，也改变了长期从北非（现今北非地区已成为全球最大粮食进口地区）进口粮食的局面，实现了小麦自给自足。

此后这一具有专断性的农业政策运作良好，以至在 20 世纪 80 年代初出现了生产过剩的情况，引发食品价格暴跌。堆积如山的黄油、大量的牛奶和水果被销毁。为了限制产能，生产配额制（1984 年通过的牛奶配额于 2015 年结束）被引入，接着通过提供补助扩大休耕地也被采用。彼时，世界其他地区还没有进入农村现代化建设，但城市却迎来爆发式增长，欧洲顺势扩张抢占了众多新兴市场。

生态意识

随着 1991 年冷战结束，世界格局发生重大变化，经济向多极化发展。仍处贫困状态的人口开始渴望享有发达国家的消费水平，这一趋势引发公众的新关切，关切度最高的是环境问题"地球能否满足人类日益增长的需求"。

1992 年 6 月，联合国在里约热内卢召开了冷战后首次全球首脑会议，会议成功通过了《里约环境发展宣言》，签订了《生物多样性公约》、《气候变化框架公约》和《森林公约》。会议敦促，除非各国采取民主制度、切实推动可持续发展，否则不再向各国提供援助。此时的西方相信自己已经在全球范围内取得了反共产主义和反独裁的决定性胜利,暂时不再需要采取战略动因的援助。西方试图将其价值观、自由主义、民主和人权强加于世界其他地区。

对于农业而言,自由主义的伟大信条宣告了欧盟实施的农民保护措施的终结——配额制度结束,市场自由开放。随着欧盟的东扩,新成员国陆续加入,新老成员国之间农业情况存在明显差异,相较之下新成员国生产成本极低。西欧农民随之面临内忧外患的困境,可以说内部有经济竞争,外部则是生态挑战。

随着 1991 年印度改革开放,以及中国吸收全球资源崛起势不可当,生态问题成为全球突出公共议题。尤其在信息通信网络和互联网的发展普及之下,生态问题更被推上风口浪尖。环境非政府组织通过发起全球运动,正在走出其盎格鲁-撒克逊驻地,成为提高全球公众认识的有力工具。诸如"越来越多的人,越来越贪婪的胃口,难道地球不会被吞噬吗""新兴国家的经济发展对资源、空气、水和自然环境造成相当大的压力,我们该如何为子孙后代造福"等质疑声一再响起,他们煽动情绪、挑拨仇恨,人们对未来的恐惧被重新激起。

第二次世界大战后,社会全力推动的农业发展的主流方向是农业集约化、现代化和生产效率化,直到 1970 年"绿色革命之父"、农学家诺曼·博洛格被授予诺贝尔和平奖,这一理念才开始遭到质疑。发达国家的富裕消费者忘记了自己的粮食安全问题,他们将现有的生产模式定性为生产工业化或"生产主义"生产,并掀起一股反对浪潮。

得益于资金从战略问题朝"绿色"方案的转向，环境非政府组织更是开足马力全速前进，联合国对此也发出警告。所有国际机构都心照不宣，与反帝国主义和反不公平贸易相比，气候正义①和生态债务的概念更能吸引媒体和赞助者，尽管不公平贸易是他们在第二次世界大战后非殖民化时期的贸易基础。

焦虑和悲观情绪蔓延至语言领域，"警告"越来越多，但是话说回来，警报都是基于合理担忧的——水、土壤和空气的污染，对生物多样性的损害，农田的同质化，某些物种失去自然栖息地等问题。凡是有错误的都要提出来，人类与贫困作斗争正演变为与气候变化作斗争，贫穷的所有弊病都成了环境问题的罪魁祸首。有时甚至上演对抗穷人的战斗，穷人只能眼睁睁看着保护区规模扩大，并且被驱逐出自己的土地。

为了鼓动民众和调集资金，高喊灾难口号必不可少，秘诀是传遍街头巷尾人尽皆知。我们心知肚明，关于"资源不可避免地走向枯竭"的警告是多么毫无根据——不过是为所谓的清洁

---

①　在应对气候变化的整个过程和所有方面公平地对待所有实体和个人的价值体系。因气候所带来的利益和福祉，应公平地分配给全体社会成员。全体社会成员无论种族、肤色、性别、国籍，均平等地享有参与气候变化事务的权利；气候变化所带来的不利后果，也应由全体社会成员共同承担。当气候变化领域的平衡状态被打破，应按照均等原则加以重建或恢复。气候正义体现的是利益共享、后果共担的公平与平等的原则。——译者注

技术①和绿色金融②的争斗提供背景材料。这些争夺的成功是以牺牲竞争为代价取得的，与饥饿作斗争则退居次席。

消费者新需求

正是因为农民接受了粮食安全的挑战，他们才变得不再重要——社会与农村世界最初的契约被打破了。人类过去长期受物资匮乏困扰，如今恐惧消除，城市居民却很快忘记曾经为粮食安全所做的不懈努力。过去取得的所有成就，包括育种、防治措施、合理化改革、机械化和现代化征程，以及为消除饥饿问题所制定的所有解决方案，统统遭到质疑。

富裕的城市居民对于生态的情感被重新激发，于是讨厌经济学

---

① 近年新出现的一个名词，早期被环保产业广泛定义，环保的概念从可持续发展一直到清洁技术。泛指新能源、清洁能源以及环保等相关的行业，比如：太阳能、氢能、风能、交通运输业以及节能减排等能效产业。清洁技术、环保节能这个领域是可持续发展的重要组成部分。从原来低端的治理，水、废弃物、节能到新能源，新能源包括风能、太阳能、地热和其他能源形态以及新材料，包括最近开始的生态农业、智能电网、可持续发展的交通，清洁技术展现了它的多面，同时走进了大家的生活，在三五年以后会成为主导市场。——译者注

② 为支持环境改善、应对气候变化和资源节约高效利用的经济活动，即对环保、节能、清洁能源、绿色交通、绿色建筑等领域的项目投融资、项目运营、风险管理等所提供的金融服务。绿色金融可以促进环境保护及治理，引导资源从高污染、高能耗产业流向理念、技术先进的部门。——译者注

家所说的农业负外部性①、农村发展产业同质化。他们指责是区域化种植使过去的混合作物种植农业受到冲击，标准化生产则导致同质化加剧，且让食品失去了本来的味道。但是他们也忘记了现在生产需要实施更加严格的规范、包装外观要求、卫生标准、分类标准、投放市场产品保质期达一定期限等。总之，消费者只想要"天然"。

今天，我们无比敬畏和迷恋大自然，这分明是因为安逸的城市生活让我们越来越远离自然。反观古代人，他们崇拜敬仰大自然是因为深受自然的恩惠，面对自然的灾害又毫无招架之力。生活在当今社会的人们对气候变化充满恐惧，他们每天都被告知人类必然走向覆灭。现在，对生态的信仰仿佛一个新的异教，蛊惑人们将树木神圣化，让他们恐惧盖亚②女神，担心了不起的"地球母亲"会因为人类的不敬而进行报复。

诚然，现代技术自命不凡地认为自己有权利和能力重新在地球上篆刻人类的铭文，企图逃避疾病和夭折的决定论③，甚至妄

———————

① 农业活动对其他主体产生不利影响却不承担责任的状态，是农业与其他经济主体之间权责不对等导致主体之间利益失衡的情况。农业负外部性主要是指农业主体将原本应自己承担的责任强加给其他经济主体，只获得相应的利益而不承担相应的责任也不付出相应的代价，这种推脱责任的行为使得各主体之间利益分配失去公平性。——译者注

② 盖亚是希腊神话中的众神之母，与混沌同时诞生，也是第一位超原始神明。在希腊神话中，盖亚是大地的神格化身，是第一位真正意义上的创世之神，也就是创造生命的原始自然力量之一，她的出现标志着万物的产生，世界由混沌开始转为秩序。——译者注

③ 人的行为和思想以及自然中的一切是由之前的某些因素决定的，人没有任何根本的主观能动性。过去有段时间决定论在当时的科学界十分盛行，量子力学的不可测状态被发现才完全动摇了它。——译者注

图实现人工智能、非物质化①和超人类主义②。但自古以来，从有人类开始，对技术、进步和科学的恐惧就存在。素来有哲学家警示人们不要在神的恩典中放纵。从巴别塔到"环保少女"格蕾塔的布道，恐惧大获全胜。今天，自然已经重新找回了其神圣的地位。人们的社会地位被抬得越高，就越热爱大自然，越想吃有机食物，也越想亲近自然。

如今，食品的关键词是透明度、可追溯性和味道正宗——优质产品需要有流通历史和产地信息。美食也变得更加高档华贵，必须由顶级主厨烹制，他们现在像明星一样备受追捧。快餐店使所有人都能在家以外的地方吃上一口便宜的饭，但只有与快餐连锁店的速食相反的慢食，才有正宗的味道。对于那些白天在外上班，晚上回家必须给全家人做饭的人来说，家常饭菜不是微波炉里加热的工业预制品。家里人都更愿意吃他们烹调的家常菜，总觉得这样才更便宜、更健康，甚至完全不费时。

言辞变得越来越尖锐。保留地方特色风味，坚决反对美食标准统一；尊重素食主义，毅然反对剥削动物。从现在开始，食物必须"有意义"，不能是"假的"。时间和金钱的价码，买菜和下

---

① 通过技术创新、体制改革和行为诱导，在保障生产和消费质量的前提下，减少社会生产和消费过程中物质资源投入量，将不必要的物质消耗降到最低限度的现象。——译者注

② 是一场断定可以并值得应用理性（科技）来根本改进人类自身条件，特别是要开发和制造各种广泛可用的技术来消除残疾、疾病、痛苦、衰老和死亡等不利于人类生存与发展的消极问题，同时极大地增进人的智力、生理和心理能力的国际性的科技文化运动。——译者注

厨的难易，都不再重要——烹饪是一门艺术，仅此而已。这使得有钱有闲的人和每天为生活奔波的人之间的差距变得更大。

植物也催生了一种新的生态教旨。人们对树木越来越狂热，森林受人钟爱，砍伐森林将引起众人不满，伐木工和护林员的日子越来越艰难。所有森林都被认为是有益的，即使是破败村落的荆棘和矮林存在火灾的隐患。老化的森林虽然在气候调节方面发挥着至关重要的作用，但也排放了大量的温室气体。只有年轻的森林，受到培育和管理的森林，才能有效地吸收二氧化碳以释放氧气。从这方面来说，温带地区的森林比热带地区的森林更有益。

但今天，生态意味着自然，意味着以生物多样性的名义得到完整保护的"伊甸园"——"未经开发的原始丛林"。适合各类植物生长的亚马孙河流域，是古时微生物群起冲击占领的地盘，也是"地理大发现"时期西班牙人讨伐运动暴力征服的地域。亚马孙河流域的热带雨林大部分位于巴西，其中的一半被划归印第安人保留地或生物保护区。亚马孙成了世界吹捧的对象，巴西人却因此愤愤不平①。

然而，与被遗弃的荒凉自然相比，人类运用智慧种植的农田景观更具有生态性，而且还能养育人类。我们的景观首先是文化遗产，经过祖辈数个世纪的悉心塑造，随环境的变化不断改变。如果没有先辈的耕耘，就不会有朗德森林和喀斯赛文生态文化景

---

① 被誉为"地球之肺"的亚马孙热带雨林无法被巴西人用以发展农业。全球都试图让巴西划出更多的保护区，希望"保护热带雨林"，而这阻碍了巴西的发展。——译者注

观区，不会有普瓦图沼泽和东贝，也不会有"白色的海之马"奔腾的卡马尔格。所有这些壮丽的风景既是人类文明的结晶，也是人类用意志力对抗饥饿、疟疾和自然灾害的实践产物。

恐慌心理加剧

媒体开始沉迷于谈论某些话题，并通过开展引人焦虑的黑幕揭发运动，凝聚公众舆论的敌意，煽风点火。"杀虫剂"是防治农作物害虫的化学制品，现在也变成要打倒的敌人。批斗是从草甘膦开始的，它被过度信仰生态主义的人戏称为"伏地魔"，就在几年前草甘膦还是一个除了专家没有人知道的专业名词。传统农业生产的食品被认为是"受污染"的，拥有一切优点的有机生产的食品则不然。这是试图用某些指标来比较没有可比性的事物。20世纪60年代与今天的评估标准并不相同，也没有将新鲜度、采摘时间、上架时长等基本参数纳入考虑，甚至忽略了冰箱或水果盘上的存放时间差异，人们很轻易就会认为过去的食物比现在的食物营养更丰富。"以前更好"总是无处不在。

对中毒事件的惶恐，对各类污染和水资源短缺的恐惧……气候变化下资源稀缺似乎在所难免，连续不断的提示和警告逐渐渗透人们思想。针对这些指控，有关机构用科学论证进行了驳斥，他们的反驳表明这些指控夸大其词，甚至毫无根据，但人们却对这些科学的驳斥充耳不闻，甚至恐其不实。不过，由于严格的监管为食品卫生安全水平提供了坚实保障，欧洲相当幸运地成了世界上粮食安全状况最好的地区之一。也许正因为他们最具优势，所以他们也成了最忧虑的人。

尽管已经成为一个主要的农业大国，但法国所具有的强大的社会动员能力，使政府在争取选票时，不得不在生态环保问题上做文章，以期获得城市中受过教育人士的支持。埃马纽埃尔·马克龙政府更是严格地执行欧洲规定，把法国打造成全球首个在2021 年前完成全面禁止草甘膦——这种被评为致癌物的除草剂——使用的主要农业生产国。20 世纪 90 年代被用作保护作物的农药产品中，现在有 3/4 被禁止使用。然而包括欧盟邻国在内的不少国家仍然允许使用，这对法国的生产商极其不利，它们将可能遭受进口商的不公平竞争。

备受憎恨的生产主义

短短几年的时间里，农业就从救世主变成了投毒者、污染者，农民对此茫然不解。农业正在经历一场深刻的道德危机，公众对农业资源短缺的恐慌演变成对农业深度持续的质疑，公众态度的大反转让农民猝不及防。公众认为农业现代化就是工业化，并将现代农业行为视为一种扭曲，农民几乎无时无刻不在遭受指责。"生产主义"成了备受憎恨的词语，田里的农机即便只是用于播种小麦也会激起愤懑，更别提拿来施药的农用喷雾器了！

由于气候变化、生境丧失、自然选择形成的品种弱化、蜂螨影响、亚洲大黄蜂入侵，甚至养蜂新手对蜜蜂的不当养殖（如忘记对蜂箱里的蜜蜂喂食）等各种原因，蜜蜂数量正急剧减少。为了保护蜜蜂，农民被要求在夜间处理他们的田地，禁止种子包衣以及空中喷洒消杀药物，尽管这两种方式可以快速防治病虫害。现在，即使是"治疗"一词也被视为"有毒"的同义词，而被禁止使用。对人类来说是药的物品，对植物和动物来说绝对不是。

面对怒不可遏的民众，政府把工作重点放在支持有机农业和生态农业建设方面，以满足民众的期望。法国政府希望为世界树立榜样，对全球绿化做出卓越贡献。这一倡议出发点很好，却在可行性和具体执行层面产生问题。面对诸多矛盾的禁令，譬如保证种粮利益的同时保护消费者健康权益，生产更自然的产品等，农民手足无措、头疼不已。

这种技术跟不上需求的僵局，导致了恶性竞争的发生，也让一些人直接选择了放弃，因为像油菜、杏或樱桃这样的作物变得过于复杂，农民不懂如何保护它们。猜忌和怀疑无休无止——有机农场主想要弄个露天鸡舍，即使是用喷雾器向自家的植物喷洒一些简单的营养物质，也会遭到邻居的反对，甚至使用耕马也被认为吸引苍蝇而招致不满。自由市场和价格战严重削弱广大农民收入预期，农业发展失衡，整个农业行业被负面情绪笼罩。意志消沉的农民放弃种地，甚至自杀也时有发生。留下的人仍在抗争，他们时常反躬自问：怎样生产才能满足同胞的需求？

对于那些早就忘了物资匮乏年代，不再对此恐惧的人来说，问题不再是能吃什么，而是不该吃什么。那些被宠坏，或者应该说是被填鸭式喂饱的人，创造了"饮食禁忌"。时下流行语是

"无"，不仅要无盐无糖饮食，还要无麸质、无乳制品、无动物产品饮食，甚至是无熟食饮食或未加工食品饮食。节食、断食、"排毒饮食"，甚至禁食，各种饮食疗法被那些没有经受过饥饿之苦的人视为救命稻草。在新的中产阶级中，部分最富有的人为了与自己的身体、与大自然重新连接，支付昂贵的研讨会门票，以体验匮乏和饥饿。

食物成为极易引发争论的话题。个性化的饮食习惯使每个家庭用餐氛围更加紧张。食品制造商正利用这些新市场，将产品更加细分，提供异国风味或地道正宗的食品，这些食品必然具备一切特色优点。饮食强迫症，即对健康饮食的强迫性执着，正变得越来越普遍。对于那些生活在富裕国家、条件宽裕的城市居民和新农村居民来说，环境非政府组织获得越来越多的社会和私人基金，不断打击生产部门，将一己之私强加他人，这些情况屡见不鲜。这些非政府组织总把问题简单化处理——大自然遭受痛苦，人类充满罪恶，农民则变得更糟……这些说辞获得了广泛的认同。

法国农业多灾多难

越来越多的农场不得不关门大吉。在旧欧洲，农场的数量骤减。由于粮食战略地位下降，法国和其他一些国家在去工业化之后走上"去农业化"之路，从此粮食安全被寄托在国际自由贸易上。法国曾经是世界上最大的粮食出口国之一，如今国际粮食贸易失衡问题却逐年恶化。民众似乎已经不再相信本国农民，他们更愿意购买从别国进口的食物，即使法国对生产者执行的规范标准远高于这些国家施行的社会政策和环境标准。法国的标准越来越多，要求越来越高，政府的工作也越发复杂，成本更高。

法国森林覆盖面积达到领土面积的1/3，狂野生长的森林主要是由退耕农地自然恢复而来。法国认真地想要保护森林，却大量购买导致亚马孙热带雨林破坏的巴西大豆和牛肉，从东南亚进口棕榈油，却不在意那里的种植园无情地蚕食着森林，也使油菜和向日葵的种植变得更加困难。法国禁止在国内种植转基因饲料作物，却使用转基因饲料喂养家畜。俄罗斯曾是世界上最大的粮食进口国，2014 年因克里米亚事件受到法国政府的制裁，但这实则是直接惩罚法国生产商。五年后，法俄两国达成和解，而后俄罗斯成为世界上最大的小麦出口国。法国农民能感觉到，国家政策鲜少考虑他们的切身利益，农民这份职业仅是政治考量的调节变量，而且他们为满足社会期望所做的努力鲜为人知，他们的感受也乏人问津。总之，法理与情理的冲突，制度与现实的矛盾，层出迭见。

然而，根据《经济学人》周刊发布的排名，法国家庭农场模式连续三年蝉联粮食系统可持续发展世界第一！家庭农场模式的核心仍是家庭经营：农场平均占地 80 公顷，且由于后继无人，法国的家庭农场不断扩大规模①（半数以上农民年龄超过 50 岁，未

---

① 因年轻人赴城市打拼，农场陷入无人继承的窘境，加上用工成本不断提高，农产品市场竞争日趋激烈，家庭农场出现了以兼并的形式不断扩大规模和发展农工商综合经营的产业化趋势。——译者注

来十年该行业将进入大规模更新换代周期）；牛的平均存栏量为
50头，远低于荷兰、德国和丹麦。但法国的牛群数量仍然是欧盟
最大的，有1900万头。尽管如此，养殖行业仍然状态低迷。还
有，法国农业曾经呈现多样性，地域特色明显，实现了区域化布
局，目前却转向以谷物生产为主，这对农民来说未必是好事——
在博斯、拉布里、香槟地区或北部等优势盆地产区里大型农场专
业生产谷物、油料和高蛋白作物，这是其他地方难以企及的。各
个地区都依据当地区位优势进行了规划布局，组织了专业化生产。
西部和北部的乳业生产带，缺少耕地的布列塔尼地区的蔬菜种植
和生猪畜牧业，中央高原、汝拉山脉和孚日山脉的奶牛养殖业，
海拔适中的山区在有限自然条件下规划出的混合种植区，比利牛
斯山和阿尔卑斯山不发达山区享受到为恶劣自然条件提供的特殊
补贴。其中，恶劣自然条件地区的特殊补贴（简称：ICHN）属共
同农业政策"第二支柱"[①]补贴，占总补贴的比例超2/3，第二支
柱补贴主要用于环境保护。

　　法国农场生产极具多样性，农产品以高品质著称于世，拥有

---

　　①　传统的市场价格支持和直接支付手段被视为共同农业政策的第一
支柱。建立新的农村发展计划，则构成共同农业政策的第二支柱。这是
《2000年议程》中做出的重要改革措施。它包括以支付酬金或创建农场贷
款利息补贴的办法支持青年农民创建农场、提供培训、提前退休、鼓励农
业环境保护措施等办法。据英国海外发展署提供的报告，2000年欧盟用于
此项支持的开支约为42亿欧元，占共同农业政策总支出的10%左右。——
译者注

450个地域保护标识（AOP）[①]，不胜枚举的红色标签[②]，当前却发展受阻。除了遭到本国民众的质疑责难，还受到国际竞争的强烈冲击，诸如黑海盆地（包括俄罗斯、乌克兰、哈萨克斯坦）在全球谷物市场的份额提高，农业条件迥然不同的各国之间签署的贸易协定，如与北美之间的综合性经济贸易协议，与拉丁美洲之间的南方共同市场等。另外，荷兰工业化农业的高效也成为法国面临的一大挑战。农业生产用地面积仅600万公顷（法国为2800万公顷）的荷兰，在1990年就成为世界第二大农业出口国。2015年，法国跌至世界第五大农业出口国，排在美国、荷兰、巴西和德国之后，与此同时，法国食品进口持续增加。现在，法国1/2的水果和蔬菜、1/3的家禽、1/4的猪肉来自国外。此外，全球最大的小麦进口国埃及则转向依赖俄罗斯的小麦供应。

---

① 欧盟原产地命名保护的标志，欧盟成员国生产的农产品，如高级橄榄油、水果、蔬菜、奶制品等都有这个标识。如AOP葡萄酒是最高等级的法国葡萄酒，其使用的葡萄品种、最低酒精含量、最高产量、培植方式、修剪以及酿酒方法等都受到最严格的监控。只有通过官方分析和化验的法定产区葡萄酒才可获得证书。——译者注

② 根据法国1960年农业指导法律确立创设的。红色标签证明农产品或食品具有事先确定的品质，并达到优等质量的水平，且产品在生产和制作工艺等方面有别于其他一般商品，而消费者也可从味觉和包装等一系列的视觉感受中区分出两者的质量差距。红色标签申请过程严格，需要提供产品优质质量证明，特别是味觉方面的分析。有关专业人士会对产品的生产工艺标准进行评审，最后由"国家标签和鉴定委员会"考核。通过后再由农业部的官方公报进行认可。而加工厂是否符合有关生产工艺的标准，则是由国家委托授权的认证机构进行检查和监督。——译者注

　　我们曾经引以为傲的是法国成功跻身世界农业大国行列，仅用农业生产用地面积的5%，就成为优质葡萄酒、土豆、种子等各类农产品的最大出口国！当下法国却失去外部市场份额，不断增加进口，这显然不是可持续的发展模式。

第 5 章

重塑农业
竞争力的必要性

无论是生活在富裕的发达国家，还是生活在第三世界的贫穷农村，农民都需要通过售卖农产品来换取货币资金。在萨赫勒地区，再也没有一个农村家庭可以自给自足。不管身处何地，农民都必须可以兜售自己的庄稼；只要拥有一部手机（运营商出售预付卡），就可以自主了解价格不受中间人的摆布，可以随时和进城或外地侨居的人保持联系，不必为了获得食物走太多冤枉路；在中国，随着电子商务的发展，在线销售平台可以帮助数百万农民实现脱贫。

严格把控卫生标准

价格是农业稳定发展的评判标准。价格不在合理区间，就会引发超负债、自杀等悲剧。在印度，每年有约 15000 名农民自寻短见。即使是在法国，当债台高筑，家族几代人的财产面临被银行没收的风险时，情况也是如此。战争、禁运，抑或环境污染真实事件或谣言，一旦出现就会导致市场突然关停，由此引发的价格暴跌无疑将成为世界上所有农民的噩梦。生产过剩造成的价格骤降亦然。2019 年 10 月法国鲁昂附近一家化工厂突然起火，发生了后来称为"路博润事件"的火灾，大量有毒烟雾外逸。对当地菜农和养殖户来说，这是一场灾难，对有机农户和选择产地直供模式的农民更是如此。他们不得不连续多日扔掉所有农产品。数周过去，消费者仍然担心食品安全问题，拒绝购买当地出产的食品，尤其是那些极为关注个人健康的人。其中还不乏一些挑剔难缠的人一再挑事。当地众多生产者随时面临破产的风险。尽管国家承诺给予补偿，但当消费者信心不再，补偿是否足够呢？

在鲁昂，传统生产商比各类农产品流通渠道的中间商更容易摆脱困境，因为他们不需要跟三心二意的买家对接。另外，即便在遭受如此严重打击的情况下，在国际市场有销售渠道的合作社也可以继续为其成员提供收入保障。面对价格波动、信任危机、竞争和保护主义，合作社比小生产商更具优势，在食品卫生标准方面，也拥有更多可以扩展的领域。但它们从不滥用这些优势，相反，合作社要求其成员遵守更为严苛的质量标准。比如，曼陀罗这种植物在卡车里一经发现，合作社就有权拒绝装满谷物的卡车进入，因为曼陀罗含有的生物碱会对人和牲畜造成严重危害。

世界上最大的谷物进口地区，马格里布①国家也有同样严苛的卫生标准。他们购买的小麦在蛋白质含量、是否适合烘焙、重量、湿度等方面有严格的限制标准。一艘驶往北非港口满载的散装货船，如果被检查员在货舱里发现了令人避之不及的昆虫，即使数量很少，也必须掉头返航。美国政府已经掌握这一限制进口艺术，借由无情的检查员严格把控卫生标准，广泛利用限制措施来保护本国农民。把控卫生标准，既可以是操纵竞争的手段，也可以是降低价格、选择伙伴的方法。

依赖自然和市场

这就是为什么传统农民没有犯错的权利——当价格过低或市场不明朗时，种植者宁愿让苹果掉到地上、烂在土里，也不愿支付高昂的劳务费来雇人采集苹果并将其运送到果站，因为这样做很可能扩大损失。当地农民会在秋天把苹果碾碎，用来给土壤施肥，然后重新栽种果树以维持种植园。炎热的夏天，苹果在果树上被"炙烤"；一场超大冰雹把准备收获的葡萄砸坏……农民的生活就像过山车，起起落落，充满希望也饱含挫折，没有比农民

---

① 即非洲西北部地区。古代原指阿特拉斯山脉至地中海海岸之间的地区，有时也包括穆斯林统治下的西班牙部分地区，后逐渐成为摩洛哥、阿尔及利亚和突尼斯三国的代称。该地区传统上受地中海和阿拉伯文明影响，同时也与撒哈拉沙漠以南的非洲地区有着密切的贸易往来，因此形成了独特的文化。——译者注

更依赖自然和市场的职业了。也就不难理解，为什么许多农民因为这份职业的长期不确定性而认输，最终选择更稳妥的工作。

我们需要农民，却每年都在失去越来越多的农民。薪酬问题是主要原因，然而这个问题通常不被关注。合作社或批发商保护农民，它们不断寻求新的市场、提高品质，来提升产品价值，为农民的利益作斗争。但是农民通常很难察觉，哪怕受到直接帮助，他们也要经过很长一段时间以后才能意识到。

2018年10月，法国政府公布了一项新法案，旨在促进人人都能获得健康、可持续的食品。《农业与食品法案》规定，向农民支付的费用须依据农民的生产成本计算。米歇尔-爱德华·勒克莱尔①却嗅出不寻常，他指出这项法案的优先受益者是大型分销商。大型综合超市借机大幅抬高利润率最高的有机水果和蔬菜的价格，普通水果和蔬菜的价格也相应有所调高。正如"黄背心"运动②抗议者所表达的，处于弱势地位的消费者原本在能源、交通、住房、供暖，以及最基本的电子设备和家用电器等方面面遭受生活成本不断上涨的挤压，此次利润的重新分配方案对于他们来说更是雪上加霜。

---

① 法国勒克莱尔超市集团创始人之子，现任集团董事长。勒克莱尔超市集团是法国合作社和连锁超市，于1948年1月1日设立，总部在法国瓦勒德马恩省的塞纳河畔伊夫里，是法国零售龙头企业。——译者注

② 始于2018年11月17日，是法国巴黎50年来最大的骚乱，起因为抗议政府加征燃油税，抗议活动持续多日，重创法国经济。——译者注

恶性竞争

总体而言，法国农业的特点仍然是充满活力，独具创业和创新性，在极为严苛的卫生标准下生产以高品质著称的食品，备受新兴国家青睐。法国农产品加工业以其优异的表现，获得仅次于美国、德国和荷兰的世界第四排名，同时成为法国排名第一的产业。该产业拥有 17000 家公司，提供就业岗位超 40 万个（与农业相当）。但法国四大零售巨头的采购中心，时常以食品撤柜为手段胁迫供应商降价，这极大制约了农产品加工类企业的发展。如果某些产品带有采购中心进货价和对消费者售价的双重标签，消费者就会看到，整个销售流通链最末端的零售商通常会以双倍的价格出售商品……这使农民和食品加工从业者都陷入不利境地。

在全球化引发的更为激烈的市场竞争下，农产品加工业所处的总体宏观环境，包括监管、财政和社会环境等，都不利于行业发展，整个行业亟须重新审视自身竞争优势。法国在农业领域付出了沉重的社会成本，最低工资比邻国德国高出 1/3！另外，尽管法国一直是共同农业政策的最大受惠方，从 2014 年至 2020 年其间共享受补贴 4080 亿欧元，即每年享受约 90 亿欧元补贴，但自 21 世纪以来，法国就不得不进行一系列改革，曾经最具竞争力的部门基本面发生深刻变化。变革包括市场自由化、绿色补助（尤其是以环境政策为条件的第二支柱补贴），以及在包括葡萄牙和西班牙在内的中欧和东欧日渐崛起、当地劳动力成本极具竞争力的

背景下，欧盟内部的欧洲 27 国对补助资金分配的竞争引起的市场
变化。

法国正深陷恶性竞争，这是限制农业和农产品加工业发展的
不利因素。引发的后果是，法国农产品贸易顺差在 5 年内减少了
一半，如今市场份额只占全球市场的 4.5%。当然，英国脱欧也引
发了法国的贸易萎缩，英国历来是法国食品的进口国，主要从布
列塔尼进口。如果英国离开了欧盟大市场，他们将如何养活自己？
对消费者来说，一方面，这会导致价格上涨和不稳定的供应关系；
另一方面，不稳定的供应将严重影响最贫困人口的生活预算。

养活结构性赤字①地区

法国农业从全球市场高位跌落，那些支持"另一种"农业的
人对此毫不忧虑。对他们来说，法国的使命不是养活世界，而是
生产健康环保的食物，践行地方保护主义，着重发展农产品"短
链"流通模式，全力助推季节性农产品。然而，现实情况却复杂
得多，原因有三：首先，法国农民收入的 1/4 与出口贸易相关；
其次，主要的谷物和畜牧业地区对国家的粮食安全和贸易平衡具
有战略意义；最后，有能力进行出口贸易的前提是有能力提升农

---

① 结构性赤字是由国家一定时期的财政政策所引起的，假定经济已
处于充分就业状态，国家实行扩张性财政政策，增支减收所引起的收不抵
支。该赤字体现一个国家的政策导向，其大小也由国家的财政政策主观决
定。——译者注

业竞争力和保证农产品高质量。

地缘战略形势决定了法国绝不能放弃出口。对法国来说，紧邻的北非、近东和中东（统称 ANMO）等均为结构性赤字地区。ANMO 地区仅占地球陆地面积的 10%（1300 万平方千米），其中耕地种植面积只占 6%（8400 万公顷），这几乎是该地区的产能极限。ANMO 地区几乎汇集了所有的农业脆弱性——以气候干旱为主要特征，土地退化，农田缺乏灌溉，或是由于缺乏农田水利灌溉设施导致土壤盐碱化，以及人口增长强劲。但正如我们之前所说，这些地区的居民对食品标准的要求也越来越高，对他们来说，法国食品质量和卫生安全兼备。

ANMO 地区的人口（5 亿人）在 50 年里增长了 3.5 倍，人口趋向城市化，且整体越来越富裕。自 1960 年以来，食品销量增加 6 倍，谷物购买量增加 15 倍！马格里布国家只占世界人口的 6%，但谷物进口却占全球 20%。一旦该地区粮食价格飙升，欧洲将为大规模的移民潮付出经济和政治代价，就像过去发生在非洲撒哈拉沙漠以南地区的情况一样。面对数量急剧上升的难民，欧洲激进主义愈演愈烈。

有机食品在法国谷物行业占比仍然极低，不到总产量的 4%，这并非偶然。比起传统谷物，有机谷物平均产量要少 1/3（每公顷产量为 4.5 吨，而传统谷物产量为每公顷 7 吨），如果有机食品普及全国，那我们要如何养活法国？如何养活不需要有机食品的北非呢？即使苏福莱（Soufflet）谷物集团承揽了法国谷物出口的 1/4，并在罗讷省的洛杂讷市建设了一个有机谷物贮藏塔以满足消

费者需求，我们仍必须提质增效，重塑农业竞争力。传统农业的
第一要义是做大做强。

巴黎的肚子

当然，"短链"流通模式是提高价值的王牌，它能够与消费者
建立联系，重新将生产商与周围环境联系起来，摆脱垄断法国零
售的四大集团（家乐福、欧尚、勒克莱尔、卡西诺）日渐苛刻的
采购要求。

法国目前仍有 3/4 的粮食销售在大型超市完成。如果像布列
塔尼这样的丰产大区普遍采用"短链"流通模式，那么可被销售
的农产品将只占总产量的 7%。农民靠什么生活？布列塔尼还养活
了 1/3 的法国人，那么这个国家的其他地方呢？与之相反，如果
巴黎只选择"短链"流通模式供应食物，法兰西岛①居民将会饿
死！因为在他们日常消费的食物中，法兰西岛生产的农产品只占
了 6%。正是布列塔尼这个大区养活了它日渐膨胀的首都。因此，
当布列塔尼人被征收生态税时，愤怒喷涌而出，"红帽"抗税运
动②蔓延。别忘了，他们花了数十年的时间才修通主要公路，打
开地区发展局面。

---

① 法国的一个行政区域，位于巴黎盆地中部。因该区域以巴黎为中
心，俗称大巴黎地区。——译者注

② 布列塔尼地区爆发的抗议总统征收"生态税"示威游行活动，示
威者戴着象征 17 世纪抗税运动的"红帽"走上街头。——译者注

　　法兰西岛水果和蔬菜产量约 24 万吨，但其居民却消费了 200 万吨！大约 350 个维持农民农业联合会（AMAP）① 的总销售量只有不到 4000 吨，无论它们多么备受欢迎和势如破竹。没有兰吉斯市，巴黎人就会肚子瘪瘪。对生产者和消费者来说，产地直供或原产地直采永远都不会是唯一选择。此外，城市或邻近区域实行原产地直采面临着劳动力短缺（过度依赖临时工或实习生导致的生产不可持续），以及生产的复杂性和技术性等现实挑战。在土地价格昂贵的城市周边地区启动一个以营利为目的的农业项目，需要投入大量资金、能源和水电，而完美的分销渠道都价格畸高，因为最后一公里的后勤保障是最昂贵的。

　　法式饮食商超喀斯由亚力克西斯·鲁·德贝齐厄于 2017 年创立，德贝齐厄在结束从事金融行业后自称"杂货店老板"。喀斯的理念是提供健康、正宗、优质和便捷的食品，并与传统和有机生产商合作。1986 年意大利发起的慢食运动②提倡慢食模式，用以应对快餐的普及，此后在世界各地兴起。喀斯的创立就是受到

　　① 维持农民农业联合会旨在帮助农民和有机农业应对追求规模和利润的工业化农业不断取代小规模家庭农业（即"农民农业"），推出共享农业——在消费者团体和农业生产者之间订立一份协议，协议内容通常包括消费者们共同预付款给生产者，约定遵循生态原则生产，并共同承担生产风险，消费者们有时还会去农场帮忙，甚至自己解决产品的物流配送问题。——译者注

　　② 号召人们反对按标准化、规格化生产的汉堡等单调的快餐食品，提倡有个性、营养均衡的传统美食，目的是"通过保护美味佳肴来维护人类不可剥夺的享受快乐的权利，同时抵制快餐文化、超级市场对生活的冲击"。——译者注

该模式的启发。

但是，如果一家精致的杂货店想要积累属于自己的客源，甚至成为集聚休闲餐饮、提供原产地直采菜品的美食商超，就必须触及高端富裕客户群体，正如喀斯也提供餐饮服务那样。德贝齐厄选择将商铺开在巴黎最时髦的中心——中央市场和玛莱区，这绝非偶然。

第 6 章

直销与"短链"流通，距离我们有多远？

销售自己生产的产品，能够激发生产者的自豪感，重振民族品牌雄风，焕发地区特色农业活力，这是一场食品工业化时代下的全球风潮。在韩国或阿拉伯联合酋长国等国家，购买国产产品是爱国的体现，表达了民众对自己国家和历史感到骄傲，而且消费者愿意为国产产品支付更高的费用。

现在阿布扎比的超市销售来自世界各地的产品：智利的苹果、南非的葡萄和土耳其的肉，但在过去很长的一段时间里，除了当地的椰枣和骆驼奶之外超市里别无他物。民众尝试在当地的农场种植有机蔬菜，用淡化的海水灌溉（用威弗瑞·塞西格①的话说，阿联酋是"沙漠中的沙漠"，那里几乎从不下雨）。尽管生产费用极高，但这些商品是阿联酋人引以为傲的珍品，给足他们前进的动力。他们认为自产商品意味着国家朝着维护粮食主权

---

① 20世纪英国最著名的探险家和游记作家之一。1934年威弗瑞加入苏丹的一个组织并为其服务，从此他爱上了沙漠，在非洲大陆和阿拉伯地区云游，并依自己的旅行见闻写下了《沼地阿拉伯人》等西方经典游记。——译者注

迈出了一大步（当然也包括大量对南苏丹的大型农场进行投资。顺便一提，作为"河流之国"，战乱是引起南苏丹饥饿问题的主要原因）。

无论是在发达国家还是新兴经济体，大多数国家的消费者选购食品的主要标准都是确保食品在国内生产，其健康、安全和环保指标受到严格监管。如果产品符合标准，他们愿意为此支付更高的费用。想要振兴当地经济，需要专注优质农产品，加速发展"短链"流通，基于消费者的乡土情结，打造地方特色产品，重塑传统乡土文化，这是一场由全球所有中产阶级发起的深刻运动，因为他们厌倦了没有灵魂的反季节食品。这样看来，复兴农业有望实现。但它距离我们还有多远？

振兴区域农业

法国人钟情于法国美食。休闲农场和乡村旅游正在高速发展，各个区域都通过独特的历史和知名特产的流传而重焕生机。个中例子比比皆是，它们无一不是独具匠心的生活艺术。

在中央高原的南部奥布拉克地区，当地一个黑石农场，屋顶采用养殖户通常为了夏天保持通风选用的板材——石板岩——搭建。这里的"库德尔家的勒比隆"餐厅供应"瀑布土豆泥"[1]，这道菜由土豆、拉吉奥尔奶酪和奶油制成，配以奥布拉克牛肉（奥

---

[1]　奥弗涅传统农家菜。——译者注

布拉克牛产自大高原，有着温柔的双眼和长长的牛角），是阿韦龙省的传统菜肴。

在洛泽尔省的拉加尔德—介朗小镇，"黑格赫丹小酒馆" 餐厅坐落在一条千年古道上。这条古旧的小路横穿赛文山脉，将地中海与皮—昂沃莱市相连。一座 12 世纪的眺望塔矗立此处，塔脚旁精美的乡间木结构建筑正是这家特色菜餐厅。农民聚集在这里提供餐饮服务，以当地独特的烹调为基础，配上当地生产的农产品，如手工啤酒、栗子菜肴、鳟鱼、当地蜂蜜……游客在地道的气氛中享用午餐，四周的商铺摆满当地珠宝饰品、本土羊毛服饰以及当地工匠打造的木制餐具。

在洛特省，高梅泰耶里·德马西亚克出售用农场周围种植的花卉制作的糖浆。位于韦科尔半山腰的自然公园中心，有一家柯兰奇树屋咖啡馆（La Cabane-Café de Choranche），在这里徒步旅行者可以找到新奇的青年旅馆，还可以用当地买到的食品来一场野餐。在凡尔赛平原，"克雷斯皮耶尔的两个小馋嘴" 是一家手工饼干店，里面销售来自农场蜂箱的蜂蜜，还有 100% 法国原装糖果，富含当地特色风味。在诺曼底的奥恩省，拉蒙内里酿酒厂于一个世纪前在瑟里西—美丽之星（Cerisy-Belle-Etoile）开办。这家出色的酿酒厂使老果园重新焕发生机，在它古老的酒窖里存放了低度苹果酒和苹果开胃酒，还有放满各种点心的小吃篮。而在萨瓦省的莫尔济讷小镇上，有一家古老的手工奶酪工厂独制一种高原特有奶酪。这家奶酪厂在 1996 年恢复了生机，他们出售瑞布罗申奶酪、阿邦当斯奶酪、费塞勒奶酪、酸奶和牛奶蛋羹。在古老的奶酪窖里品尝火锅和拉可雷特干酪是一种极具异国情调的体验，这种传统深深植根于阿尔卑斯山牧场，但又根据现代口味进行了改良。

为了吸引游客，世界各地的农业都在"迪士尼化"①。它们积极利用本地历史，依托地区特产，展示乡村真实风貌，让旅游者了解乡村民情礼仪风俗、观赏当地种植的乡村土产，充分利用本土农业功能挖掘乡村价值。这种新型农业吸引了想要开发个人项目、振兴农村地区的年轻人，他们其中一些是接管自家农场、重新开发；另外一些则是非农业类专业出身，这些人来自大城市，却致力于重新发现乡土价值，使那些因人口外流而逐渐消亡的村庄再次兴盛。

某天，30 岁的劳拉从巴黎来到比利牛斯—大西洋省贝阿恩的一个山顶村庄，从此她就爱上了这里：索沃泰尔高地，一个远离所有大城市的中世纪小镇。她买下了一座破败的大商铺，花了两年的时间重新翻修，使它成了一家名为"传奇"的餐馆。现在，这家餐馆驰名奥尔泰兹和波城，两地居民纷纷慕名而来。劳拉目前雇佣了 5 名员工，她烹调所用的新鲜食材均从半径不超过 200 千米范围内的农民处采购。为了使每一份食材都能物尽其用，她不得不一直改变自己的菜单，但她以此为傲。起初村民们对这个空降到当地的年轻女子充满疑虑，但是看到她的勇气和毅力之后，

---

① 现代商业社会发展模式和趋势的一个隐喻，它以主题化、混合消费、商品化、表演性劳动为主要特征，常常用激动人心的体验来取代同质性消费的枯燥无味。——译者注

村民们被征服了，他们现在也积极参与"传奇"的运作，一同享受着成功。这家餐馆逐渐成为一个区域性组织。

在瓦诺伊斯中部的普拉洛尼昂，阿克塞尔开设了一家集餐饮、住宿、娱乐于一体的公寓式酒店，并以自己祖父的名字把它命名为"古斯特爷爷"，现在这个名字已经成为"潮流"。"古斯特爷爷"出自普拉洛尼昂的一个小故事：1937年，奥古斯特·艾米埃在村子里开了第一家小酒馆。这位开拓者身兼数职，凡事亲力亲为——酒馆老板、理发师、高山滑雪靴制造商、滑雪板和海豹皮的租赁商。阿克塞尔想接过火炬传承精神。

农业产业中脆弱的商业模式

在整个欧洲，从奥地利到丹麦，从意大利到芬兰，各国都在篡改圣诞老人的传说故事。在农业复兴之风的推动下，各国都抱着挖掘农民全部价值的愿望，鼓足干劲儿开发各类项目。直销和"短链"流通可以振兴逐渐荒废的乡村，特别是当一些地区把发展优势建立在优美的自然景观、建筑和文化等极具吸引力的旅游资源之上时，直销和"短链"流通更能成为提升价值的绝佳方式。

然而，我们必须对这种模式的可持续性秉持审慎态度，因为这种模式主要依赖于满腔热忱、乐于奉献的人士，他们必须深入基层、笃行不怠。我们如果花点时间跟其中的一些新的创业者——通常是一些青年人——交谈，就会发现他们大都积极活跃，而且有能力创建多语种的网站以传达当地的乡村价值、展示当地特色的产品。他们讲故事的能力也很有一手，知道如何吸引来自全球各地的客户。在热情洋溢的演讲结束后，他们会向听众解释自己多么重视项目的可持续性，以及对此进行了多少考虑。然而，由于"短链"流通的冲击，网上销售变得岌岌可危。

尽管"传奇"餐厅取得了成功，但在经营两年之后，劳拉还没有开始获利，她宁愿自己少赚钱也不想亏待5名员工。在法国北部靠近阿拉斯的地方，有一家"比尼库尔"采摘园。园主吉斯莱恩在采摘园里出售30多种水果、蔬菜、鲜花和香料。他还打造了一个迷你农场和一个巨大的玉米迷园。当我欣赏了西葫芦花和品尝过自制果酱，并对他的农场赞不绝口时，他对我说起："每当下雨几乎没有人来采摘，大部分作物会受到不同程度的损坏，造成相当大的浪费。"他也无法向非政府组织捐赠这些作物，因为这些组织无法来采摘。吉斯莱恩安装了一台自动售货机，每天24小时供应新鲜农产品，这对他来说是一项重要的投资。他还通过传统渠道销售其产品。如果不做这些，他就无法回本。在汝拉地区，生产者联盟获得法国第一个地域保护标识（AOP），他们堪称以严格标准规范缔造产品的典范，但是当初如果没有欧盟的补贴，他们根本不可能做到在中部山区施行粗放耕作。

农民绝不能单纯依靠减少产量来降低损失或仅依靠当地市场来解决产品销售问题，因为这两个因素随机性太强。除此之外，农民还要面对恶劣的天气，游客失去好感，交通系统大罢工……而在渡过难关前，还必须躬身耕作，只有这样才能期待明天会更好。当直销出现在堂食餐饮服务中，如阿卡雄海湾的牡蛎养殖户，商户必须办理新的商业活动资质，否则将会受到严厉的经济处罚。

　　普罗旺斯是马瑟·巴纽①和阿尔丰斯·都德②的故乡，它早已不再是一个单纯的地域名称，更代表了一种高品质的生活，一种阳光和煦的意境，一种熠熠生辉的传统光芒。位于普罗旺斯的几家互相挨近的合作社齐聚"农民色调"公社，农民们意气风发地提议同时进行线上和线下销售，线下是分别到瓦朗索勒镇、马诺斯克市镇和沃内勒镇的三家商店出售新鲜且高品质的当地产品，包括水果、蔬菜、动物产品、食用香精、香料、蜂蜜……这种尝试非常成功，但这并不意味着农民不能通过其他渠道销售自己的产品。每个农民都知道，永远不要把所有鸡蛋放在一个篮子里。伊夫林省的两位磨坊主兼面包师埃米尔和朱尔斯，在巴黎开了一家备受欢迎的面包店，他们也把自己生产的小麦供应给法国农业和农业食品合作社。法棍也许很快会被列入联合国教科文组织"非物质文化遗产"保护名录，三色法棍广受全世界各地人民喜爱，无论是在美国还是新兴市场。作为法国最大的谷物合作社，法国农业和农业食品合作社现已成为世界领先的麦芽制造商之一，并在中国进行了大量投资。

---

　　① 法国剧作家，小说家，1946 年当选为法兰西学院院士。——译者注

　　② 法国爱国作家，被誉为"法国的狄更斯"。都德一生共创作 13 部长篇小说、1 部剧本和 4 部短篇小说集。其中《最后一课》和《柏林之围》更由于具有深刻的爱国主义内容和精湛的艺术技巧而享有极高的声誉，成为世界短篇小说中的杰作。——译者注

如果不住在任何大城市的附近，或者没有网络销售的物流，农民很快就会意识到直销的局限性——无法仅仅依靠本地消费者善意①，并且滞销的农产品始终是农民的负担。冬天，几乎没有顾客会为了买到好的土特产而去农场。到了夏天，草料收割作业又会将顾客挡在农场之外，限定他们只进入商场选购也不是最佳选择。对于一个农场来说，建立自己的作坊和直销店需要付出额外的时间和劳动力，不容易回本，除非这项成本不由农场自身承担。因此在农场，直销仍存在极大的不确定性。

塔恩-加龙省蒙托邦的皮埃尔·布朗是一位在多方面均有影响力的老农业生产者。过去，他长期担任玉米种子生产者联盟主席。这个金色麦田的爱好者甚至在他的手臂上文了一个非常鲜艳好看的谷穗图案。皮埃尔饲养鸭子和鹅制作相关产品，采取农场直销或邮寄方式销售这些美味的土特产。对皮埃尔来说，农民必须保持对农产品的热忱，为自己所从事的职业自豪，并且不断创新、大力开拓。然而，美国通过了禁售鹅肝法案，皮埃尔担心如果别的国家跟风，他的极品地方特产该如何处置。只要还没有失去信心，皮埃尔会跟别的农民一样，开发一些新的产品。但情况并不明朗，全球的城市化进程如火如荼，民众越发重视保护动物权益，还有消费者越来越难以释怀看见强制填喂家禽的残忍图片时内心的排斥，生产者确实不得不重新审视自身的比较优势……

---

① 消费者基于亲身体验或者主观上的认知而产生的对某一国家的喜爱、共鸣乃至情感依恋，而这种情感会让消费者对有关该国产品的消费决策产生影响。——译者注

提升产品档次，让地方特产卖得更贵

销售价格和销售渠道的问题确实至关重要。任何生产商要实现他们的商业模式，只依靠某些有钱的大客户、星级餐厅老板或者激进的消费群体是不够的。那些随时愿意为更高品质的啤酒支付更高价格的中上阶层，通常生活在世界各大城市的繁华街区。借皮埃尔·布尔迪厄①的话说，这是身份地位和"与众不同"的象征。在法国，巴黎地区拥有最高的购买力和最多的有机食品消费者。在这里，提升产品档次不会有太大风险。法兰西岛此前通过了一项农业协议，旨在推动农场多样化经营，目标是促使1/4的农场完成多样化经营的转变。2019年，这一比例仅为10%。蒙特勒伊的桃子、蒙特默伦西的酸樱桃、格罗斯莱的梨或蒙马特高地的葡萄，再想要吃到这些水果，需要的是政府财政支持、消费者购买支持、大量的投资、从果园到餐桌整个过程的把控，以及本地主义食材者的坚定承诺，随时愿意为品质掏钱，也乐于为距离便利而付款。

里昂、南特、蒙彼利埃和波尔多紧随巴黎之后，还有所有巴黎人的度假胜地——拉罗谢尔和雷岛，吕贝隆山麓的普罗旺斯，蔚蓝海岸的滨海地带。但是旅游业的繁荣只在夏天，到了冬天就要关门闭户，等待游客再次光顾。对于季节性和波动性明显的旅

---

① 皮埃尔·布尔迪厄（1930—2002），法国当代著名的社会学家、思想家和文化理论批评家。——译者注

游地区，情况更加复杂。在索沃泰尔高地的贝阿恩，劳拉的"传奇"餐馆到冬天就得关门歇业。

直销往往只是一个额外优势。尤其是当农场规模很大，或者人们没有准备好接受一份几乎没有太多金钱回报也没有休假时间的工作时，农场主就很难指望直销取得收入来养家糊口。运营直销需要农场主既有钱又有闲，还需要设置专门的岗位，农场营收必须用来支付劳务和相关费用。当然，最好还提供便利服务，像吉斯莱恩一样，配备一台能24小时向顾客提供新鲜农产品服务的自动售货机。这是一门投入不低的生意，维修保养耗时多，必须及时补货，定期对售货机内的商品进行检查以免变质损坏，谨防盗刷伪造信用卡坑用户害商家的行为……

这并不妨碍农场主采取积极措施将消费者需求与农场经营有机结合起来，在给人们的美好生活增添更多精彩的同时，也展示农业生产文化、重现农业价值。多种举措并用既是为了发挥地方特色，也是为了给务农者增加收入，更是为了拓展消费者服务体验。但是，如果认为直销和"短链"流通可以代替单一农业模式，那就大错特错了，热心媒体往往很容易犯这个错误。食物的可获得性不能大步倒退。原产地精选食材通常比较昂贵，因为这需要庞大的劳动力，以及大量专业知识才可以造就。只有实行工业化和标准化的生产，才有可能降低食品单价，保证产量，实施严格质量卫生把控，推行便捷包装和各地物流。单纯大力推广原产地农产品就近销售的模式，会使生产者和消费者一起回到依赖粮食进口时期，也会重回饥饿年代。

精挑严选

当然了，农民仅分得产品利润微薄的一部分，所以他们善用智慧，决心绕开各大采购中心，不再上大型零售商的当。在法国，农家小商店正遍地开花。大型零售商意识到自己正在失去市场份额，其巨无霸模式正在衰落，因此决定迎合消费者需求，开始布局小型便利且完全有机的店铺。这些零售商在自家大型超市中专门划出部分区域留给当地生产商，既可以做小型推广，又可以展示当地特色产品，装修风格通常淳朴亲切，营造的氛围十分温馨友好。零售商的自有品牌，如家乐福的"食品行动"，勒克莱尔的"收获未来"，为了确保对食品方方面面都能严格把关，体现出了一些优秀独特的品质——产地限定、有机、"短链"供应、保护动物权益等。这是为了留住那些受过教育的、环保的、积极活跃的消费者，更加确切地说是"消费中积极参与的人"，让他们继续在专业超市门店消费……但是这些人也有家庭要养活，要按照预算来计划生活。大中型零售商一直借农民之名在自己的地方代其销售，农民还能维持多久？还有，那些被自有品牌碾压的农业食品中小企业呢？

在有机食品行业，硝烟四起。2019 年 11 月，有机食品专业连锁店碧欧客（Biocoop）和有一定年限的有机生产者结盟，决定发起一场昂贵的广告活动来对抗激烈的竞争。人们可以看到西装革履的高级经理为了钱不顾一切，龇牙咧嘴地笑着解释有机生意——甩卖来自犄角旮旯的劣质食品，装上污染环境的大型飞机运送过来，虚报农药实际使用情况，剥削小农户……

这种对有机农产品的谴责揭露了有机食品没有道德规范，正渐渐沦为纯粹商业行为。社交网络引爆激烈论战，纷纷曝光碧欧客指数级增长的成交额。消费者对其背后暗含的信号并不敏感：商家对消费者实则无差别对待，而且他们也很清楚有机产品的生态信息背后不过是巨大的资本对垒。有机食品行业信誉扫地，而以有机为卖点的碧欧客很快又重新开始自己的宣传推广，尽管其宣扬的形象名不副实。

重夺主动权

在市场营销和市场份额的背后，是农民，这个饱尝辛酸、一直被他人工具化，不论与巨型零售商签订合同还是处在有机产业中，收益仅在最终销售价格中占极小比例的群体。在深信必须打破这一制度的个体企业家的极力推动下，一些新成立的合作社开始重新接管市场营销——它们限制产品流通链路，重新定位经销商的价值、控制权与话语权。农民不仅要成为一个好的生产者，还要成为一个优秀的商人，能够预测市场预期，并及时做出反应。提高可追溯性和加强与消费者的联系是新农业的两个关键点。

"谁是老板?!"① 是伊曼纽尔·瓦塞内克斯和尼古拉斯·沙邦于 2016 年推出的品牌。根据其企业发展规划宣传口号——发挥地方"行商②、代理人和销售员"资源，他们将 3000 名生产者和 6000 名成员聚集在一起，围绕消费者需求生产产品，再以可盈利价格出售产品。该品牌最初以牛奶为核心产品（公司现已成为法国第一大有机牛奶品牌商），后来又推出了许多其他产品，包括价格公道的面粉。

法国中西部品牌"农民直播"的创始人法布里斯·黑格伦在 2019 年被波士顿咨询公司③授予年度社会企业家奖，该品牌生产一种富含 Ω3 的非转基因牛奶，该产品具有蓝白心认证④标识，包装形式为软包装。

渠道、品牌和合作社共同打造了所谓的"保护区"，即通过对商品采用新标准来保护自己免遭攻击或抵制，这些标准涉及方

---

① 该商业模式是由农场经营者通过该品牌官网直销，或跟大型超市合作销售。该品牌会通过消费者网站投票选择的规格进行产品生产，消费者可以直接选择适合自己价格的产品，比如这几个选项：是否打赏生产工人、牛奶产地、牧场要求、是否含有转基因和不饱和脂肪酸、饲料要求、是否需要包装等，每增加一项，价格就会相应提高。价格由农民决定，农民得到更高的收益，消费者则可以买到既新鲜又有品质保证的个性化产品。——译者注

② 外出流动经营的小型个体商贩。——译者注

③ 著名的全球性企业管理咨询公司，在战略管理咨询领域公认为先驱。——译者注

④ 蓝白心认证由蓝白心协会颁发。该协会旨在提高饮食营养和环境质量，尊重动物和自然，生产健康的生态食品。在法国有超过 7000 名农民在协会注册，数百万消费者选择消费蓝白心系列食品。——译者注

方面面，包括提供标签标识、组织章程以及守则规范。

甚至有很多团体开始应用区块链，在产品上贴了二维码。消费者非常喜欢二维码，因为一扫码就能知道自己刚从货架上取出的产品的一切：产地、生产农民的姓名以及农民对产品的承诺。许多商家开始通过农田、马厩，以及农户穿着格子衫或工装裤的场景来展示品牌形象。但有时，这意味着商家利用小农户的良好信誉，却不让生产者从自己的形象中真正受益。

我们可以通过越来越多的应用程序查出食品的营养成分，从而区分食品质量好坏，因此品牌现在更倾向于设立专属评价指标、搭建自有品牌框架，用更加含糊其词、难以辨识的标签来吸引消费者。

现今大众餐饮模式缺少了精细的美感，和所有其他模式一样千篇一律。所有含脂肪和糖的食品都被系统性地贴上糟糕的标签，人们正不可避免地把这种普遍观点变成公理，尽管几个月或者几年后大众可能会改变这种想法。但又有谁真的认为人类机体能持久地摆脱对脂肪和糖的依赖？脂肪参与免疫调节，糖为大脑提供燃料。严格遵守应用程序指示来购买的人会将自己和孩子置于营养不良的危险之中。

基于营养、环境和道德标准的食品评级应用程序层出叠见，这究竟是一种短暂的激增，还是它们已经为我们打造了一种全新的购物方式？无论如何，只要这种现象发展壮大，随之而来的影响力无疑也会扩大。

在法国，五色营养标签①是《法国国民营养健康计划》② 设计的内容之一，这一标准根据食品营养价值和审定的健康益处，对农业食品工业所生产的每一种加工食品进行评分。这样的标识产生了关于标准的问题，还有关于食物的乐趣方面的问题。我们吃巧克力、面包不只是为了饱腹！

五色营养标签塑造着饮食强迫价值观，在日常饮食中营造一种焦虑感，以医学和防治肥胖为噱头，对饮食赋予道德价值，这很可能将某些食物污名化。

农产食品加工业家知道这一点：一旦产品建立起某种名声，饮食习惯被采纳，品牌被认为具有品牌伦理或者因道德缺失而遭禁，就很难改变消费者的认知。最好从一开始就以道德品行美的形象示人……对于那些没有机会成为精英阶层的人，如果他们的餐桌上长期无糖无盐，就会发生维生素缺乏、营养不良的状况，历史上的营养不良问题将重新出现。当谈到饮食时，我们的祖母们只是简单地说了一句，什么都需要"来一点儿"。给各类食物评分、禁止某些食品，就是把公共监督扩大到私人领域。而消费

---

① 食品包装上的营养标签，通过字母和颜色简单直观地告知消费者该产品的营养成分，以帮助消费者在购买时选择更健康的食品。它将产品划分为 5 个等级，范围从 A（营养最有利的产品）到 E（营养最不利的产品），食物所属的类别字母在徽标上放大突出显示。——译者注

② 法国国家级营养政策，由法国卫生部于 2001 年颁布，目的是通过干预人体的营养水平，改善人们的健康状况，提高人们的生活质量。该计划聚焦饮食、体力活动和营养状况等多个学科，涉及相关部委、研究和教育机构、食品行业、医疗保健与消费者等利益相关者。——译者注

者则会迷失在品牌徽标、缩略词和标签的泛滥之中。

我们是否正朝着禁止"不正确"食品的方向前进？禁止那些我们今天仍在食用，但"不正确"的食品——充满香甜欢乐的糕点和糖果，富含铁元素的猪肉熟食品，还有油脂与油脂食品？同时不得不冒着古老的手工艺消亡，举世无双的古籍秘方失传的巨大风险？在法国，我们根本不能没有动物食品、猪肉熟食或肥美的奶酪，它们过去是贫困山区的救生口粮，今天也是振兴乡村的地方特产。

粮食的首要功能是供应民生

确切地说，我们不是正在忘记最重要的事情吗？只要我们想生产食品，又想重新演绎过去家族传承的料理烹饪，打造某类标志性食品的新传奇，我们就可以发展迪士尼化农业。正如美国路易斯安那州的塔巴斯科①公司，世界唯一一家生产原味辣椒调味汁的全球性工厂，如今被改造成一个奇妙的游乐园……农业的首要任务始终是保障粮食供给。我们不能让产量越来越少，而价格越来越贵，否则买不起粮食的人就会遭受营养不良困扰。

生产者陷入进退两难的境地：若要使现行的商业模式持续发展，并且抵制这些肆意泛滥的禁令，他们就必须付出更多努力以

①　风靡世界的辣酱品牌，曾被出口到160多个国家和地区。1932年，英国发起"买英国货"运动，禁止英国议员在官方餐室内食用该辣酱，一度引发一场"塔巴斯科风暴"。——译者注

争夺有限资源。但竞争越激烈，生产者就会承担更多的义务责任，生产成本就更加水涨船高。"谁是老板?!"品牌为维持其商业模式的盈利能力，在 2019 年将自有品牌的有机黄油价格提高了 1/3。正如在所谓的公平贸易中经常发生的那样，生产者利润增长只占据了价格增长部分的 4%。由于受到认证费用和行业限制，消费者支付的溢价只在非常有限的程度上转化为生产者收益。

粮食价格再次上涨，但不一定能使生产者从中受益。如果所有人都想要消费升级，市场就会产生拥挤效应的风险，买家需求又跟不上市场。所以农业发展的核心应该是增强竞争力和提升盈利能力。许多生产商只将部分农业生产转向有机农业，而其余生产则保留传统生产方式进行，这种避免把所有鸡蛋放到一个篮子里的做法绝非偶然为之。

当然，那些对"生产主义"农业持批评态度的人操着熟练的批判技术，刻意强调规模较大的模范农场尚且面对经济困难，反复重申他们同样承受价格上涨的压力，债务负担加重甚至陷入无力偿还的境地。此外，我们会普遍感受到，一些大型合作社似乎忘记了为成员服务的初心使命，千方百计将自己转变为全球资本的大型工具，不惜违背初衷。这一形势强化了数以千计的中小型合作社的存在价值，也为其发展提供了理论依据。

然而，事实表明没有什么形式是我们期望的万灵药，不论是"其他农业"还是"替代"农业，不管它被称作什么。也正因如此，现在的有机农业，才会像之前的传统农业一样，在巨型商超为占领市场而大打价格战的时候遭受冲击，旧有结构被打破。这些巨型商超已经占据超过一半的有机市场份额。而只要这个可营利的市场环境里仍存在利基市场①，吸引着愿意为健康和环保埋单的积极消费者，过多的生产商就会同时涌入这个赛道，市场变得拥挤不堪，企业获得的超额利润迅速减少，直至消失。

绝不倒退

新农业革命绝不能是倒退的。必须重塑农业竞争力，但并不意味着以最低价格出售商品，因为它永远无法与新大陆②的巨大农场或贫穷国家的廉价劳动力竞争。要在超竞争③时代中开放又冷酷无情的市场里继续存活或崭露头角，农业必须将环境可持续性、口感品质以及健康安全结合起来……同时还要保持能够被消费者接受的合理价格。

以土地维生正变得越来越难。无论是在农学还是经济学领域，都不存在任何灵丹妙药可以完美解决这一问题。除非我们创造一

---

① 在较大的细分市场中具有相似兴趣或需求的一小群顾客所占有的市场空间。大多数成功的创业型企业一开始并不在大市场开展业务，而是通过识别较大市场中新兴的或未被发现的利基市场而发展业务。——译者注

② 美洲和大洋洲属于所谓的"新大陆"，而亚洲和欧洲属于"旧大陆"。旧大陆是指在哥伦布发现新大陆之前，欧洲认识的世界，包括欧洲、亚洲和非洲（全体被称为非洲—欧亚或世界岛）。——译者注

③ 美国著名策略大师戴维尼在其新著《超竞争》一书中率先提出了"超竞争"的理念，即在高新技术产业，随着市场竞争的加剧和一浪高过一浪的技术创新大潮，公司竞争优势的创造与毁灭正在以极快的速度进行着，任何一个竞争者能够保持其原有竞争优势的时间正在急剧缩短。——译者注

个狭小的精英空间，在那里只需为"少数的幸运儿"生产极少量的产品，借助媒体的狂热大肆渲染吸引眼球，又或者期待全力支持农业发展的市政府持续加大财政投入，要求学校食堂和养老院餐饮统一选购指定的当地有机食材，优先保障农业发展的财政支出足够支付这些食物。

有些人通过扩大生产规模来解决问题，亦即扩大规模以达到机器有效利用、投入产出比最大化和劳动力成本降低，最终从增大的产出中获利。还有一些人则通过农业生产投入品减量化来提高农场生态系统自我调节和自我修复能力，从而达到增产效果。与之相反的是另一类人，选择建立一个小农场，出售昂贵的精选产品，锁定高购买力人群为目标客户。达喀尔的上流社会名媛们最喜用薄荷叶来点缀她们的茶饮，这些薄荷叶来自援助机构的一个展示项目，其种植模式是成本高昂的永续农业。即使在贫穷国家，人们对美食文化也同样如此依恋，在一个习惯超市购物、喜欢购置进口食品的家庭，厨师也会到菜市场买炮制本国美味料理所必需的当地食材或香料草。这些国家还有亲切和蔼的周日园丁，他们不需要靠庄稼过活，而是醉心于浇灌植物，每天享受种植的乐趣。

苹果树徽章

然而，在各式农场经营模式两极分化之下，多数农场是处于困境的。通常的产品销售规模和销售价格已经不足以让这些经营困难的农场主养家糊口、偿还债务。因此，从事农业的人数在不断减少。这对农民来说是一个恶性循环，因为随着从业人数的减少，他们越发失去了政治影响力，越发在市场竞争中失去了分量，也就越发难以表达诉求，越发难以获得对他们有利的决策和政策。

在不久以前的法国，弗朗索瓦·密特朗①可以通过展示涅夫勒省的一个农业村庄来进行无声的竞选较量（1981年）。雅克·希拉克②也选择苹果树徽章来竞选，他在整个竞选活动中给民众分发苹果，最后赢得总统选举（1995年）。今天，当我们挥举起一个美丽的苹果，你一定会想到它是无数防治手段的无辜受害者，同时还会对过去吃过的苹果表达一番赞扬，因为至少这些苹果是"健康的、有味道的"。除非你愿意宽宏大量，不然苹果里的蠕虫和霉菌就会导致其无法销售，因为这不仅会损害水果的质量，而且会损害消费者的健康。也许，最好的办法就是把这些变

---

① 法国前总统，以反对戴高乐主义著称。1965年和1974年密特朗参加总统竞选，均告失败。1981年再以患癌症之身击败时任总统吉斯卡尔·德斯坦，成为法国第一个社会党人总统。任内实行不成功的经济改革，失败后被迫和右翼总理雅克·希拉克实现共治，后来利用外交手腕连任总统，拉拢德国，平稳处理了苏联解体带来的欧洲震荡，加速欧共体的统一。在任期间参与对台军售，导致法中关系降至冰点。卸任不到一年病逝。——译者注

② 法国右翼政治家，法国前总统、法国前总理、安道尔大公。希拉克执政12年间，致力于捍卫法国国际地位，支持联合国和多边体系，反对美国霸权，对法中关系的发展留下了自己的深刻印迹，造就了法中关系的黄金十年。——译者注

质的水果打成果泥或果酱以掩盖它的缺陷。

诽谤和市场份额

几年前，碧欧客再次因诋毁传统农业生产的苹果而被判有罪。碧欧客资助过一场可怕的运动——"不要购买经过化学防治的苹果"，该运动揭露出苹果品牌的各种黑幕，也展示了令人作呕的苹果。这一切只为了让碧欧客苹果可以卖得更贵。2019 年，该公司故伎重施以中伤其他销售渠道的有机苹果。

如果说进口自遥远的国家的有机食品往往只是名义上的有机食品，那么试图通过暗示国内竞品是 "假有机" 来打垮竞争对手，就是商业恶意诽谤行为。在资本助推之下无耻地维持现有市场份额，这并不符合有机产品的价值观。尤其是和果农们相比，这些手段更加相形见绌，果农力求摆脱化学处理，使用蓄养害虫天敌、综合生物防治、性引诱剂干扰害虫正常交尾、果园生草等生态防治方法，为自家果园的生物多样性管理模式付出非凡努力。

今天，几乎所有的仁果类果树栽培者都被纳入《生态环保果园管理计划》，这是对有机或传统苹果质量的保证。苹果真的是经过大量病虫害防治处置的水果吗？它是最易患病虫害的水果。然而，在果园里，6 月就会停止防治处理，此时的果实只有樱桃般大小，通常三个月后才被采摘，"粉红佳人" 甚至在 11 月才被采摘。针对植株的 "治疗" 可能有添加维生素补充剂，喷涂滑石粉以防止日灼对脆弱表皮的危害，进行苹小卷叶蛾①防治，实行有机作物病虫害综合防治措施，霜冻前喷水以利用霜冻发生时水遇冷凝结放出潜热来减轻冻害。果农通常在果园花费大量时间，他这样做不是为了毒害你，而是对苹果视如己出，想要给予苹果们最细致的照料！碧欧客似乎完全忽略了果农们背后的付出，因为它只想独吃自疴，而非加入行业"生态环保果园"标签体系。告知消费者比通过误导引起他们的认知偏见更明智，也更有效！

很久以来，城市居民已经不再了解农业实践呈现出的高度复杂性和超强技术性。在多数人的印象里，农民总是站在母鸡的粪堆里，或是拎着一篮子时令水果，这些果子都是在小果园里奇迹般生长……但在现实中，粪堆意味着沙门氏菌，腐烂或变质的水果散落在小果园里，由于霜冻、冰雹或盛夏酷暑，果园几乎每三年就会有一年颗粒无收。而中国人每年都要消费 4000 万吨苹果！这占世界苹果总产量的一半。全球苹果总产量从 1960 年的 500 万吨增加到今天的 8000 万吨。

日本顶级苹果

作为标志性的水果，苹果是全球化的和平象征，也反映了人

---

① 主要为害苹果，还为害沙果、桃、梨、李等果树及棉花、大豆等作物。苹果被害率达 40%。幼虫可以蛀食新芽、嫩叶、花蕾。叶片被害时幼虫吐丝将叶卷起或两叶重叠，居内食害叶肉呈网状和孔洞，越冬幼虫蛀食新芽或花蕾成孔洞。果实被害时，幼虫啃食果皮和贴近果皮的果肉，形成坑坑洼洼或片状凹陷不规则虫疤，造成伤果。——译者注

类生活水平的提高（吃苹果的不是穷人，而是那些寻求健康和瘦身食品的中产阶级）。但如果只有小果园存活，那么苹果就会在菜场小摊上消失，或者像奢侈品一样高价出售。

让我们听听迪迪埃·克拉博讲述他的日本果园故事。克拉博是日本"粉红佳人"种植者协会的主席，而"粉红佳人"是1973年澳大利亚培育的一个苹果品种。尽管"粉红佳人"现在被视作苹果中的极品，但这种苹果极晚熟，几乎是所有苹果品种里最晚的，从开花到采摘需要经历近9个月，整个生命周期都需要精心管理呵护。现在每个人都能幸运地买到"粉红佳人"，不用像逛卡地亚店铺那般望而却步。但相反，在日本就没有这样的好事了——苹果被放到拍卖会，一箱又一箱地拍卖，因为日本种植者传承工匠精神，为苹果付出了极致的努力。

"进行人工授粉，每个果枝只选留一个果，接着疏剪花果，在最后两个月内将树上的每个果实单独套袋以防止苹果受到病虫害，轻轻捏住果柄转动果实，让果实的阴面获得阳光直射从而使苹果的表面能均匀上色……一旦成熟，重达半千克的苹果就能在东京或台湾卖一大笔钱。"这就是迪迪埃·克拉博向我讲述的故事。法国奥克联合果农产品专业合作社在法国和世界各地销售产自小卡马格地区的苹果、梨、草莓和芦笋。该合作社坚定地布局生态农业模式，并致力于向生态农业转型。该合作社已为加尔省的圣贾斯特小镇提供了120个就业岗位，市政当局为表彰它的贡献，在通往合作社所在地的环岛处设置了一个巨型手托苹果雕塑，手臂直指云天犹如参天大树。这座手形树雕塑是由著名艺术家本·K

创作。她想通过这个作品表达对苹果的赞美之情，外观润泽美丽，口感酸甜诱人，而且是所有人都能够享用的营养佳品。

　　我们真的想吃日本苹果吗？为什么要为了满足全球城市消费者对于观感、口感和保鲜期的极高要求而对高效多产的苹果品种置之不顾，对潜心研究各地传统品种的人充耳不闻？饱受诟病的金冠苹果也可以变得更加美味，如果它产自阿尔卑斯山区或者利穆赞大区——前者的寒冷气候能使果皮变得粉红，而后者则是法国唯一拥有生产金冠苹果的地域保护标识（AOP）的大区。法国国内苹果树的发源地是亚洲中部的天山山脉，而利穆赞大区的自然环境与之相似，天山一带甚至存活着几千年树龄的苹果树，这些苹果树经过进化获得了抗赤霉病基因。正如传统农业也有相关认证体系，在有机农业，这份《生态环保果园管理计划》更为种植者提供了保障，确保他们的生态效益和社会效益得到提高，也向消费者承诺放心消费的良好环境。因为无论采用何种方式生产，消费者买到的受认证水果都会物有所值。

　　我们应该将各种农业形态有机结合，而非割裂开来并对立起来。坚持取长补短相得益彰，且始终追求卓越，这才是第三次农业革命的道路所在。

第 7 章

有机农业的局限性

　　有机农业正在蓬勃发展，这是以拒绝使用化学合成物质为基础的农业生产方式。如果这种生产方式能使处境困难的小农户有利可图，带给他们幸福生活，那么它会被推广吗？对于相关政府部门推进、消费者需求助推下大规模发展的有机农业，农民对此有何看法？许多农户犹豫不决，不敢贸然行事，因为他们知道，如果没有现代农用化学品，他们的工作复杂性会大大增加、生产率会大幅下降，这些都使得收成无法获得稳定性。但是市场需求决定规则，现在市场对有机产品需求旺盛，那该怎么办？

始于极小的基数，实现指数级增长

　　在法国，2019 年有机农业面积占农业生产用地面积的 10%，即 280 万公顷。很多媒体开始谈论有机产品的爆发式、指数级增长，因为截至 2013 年有机种植农业用地仅占农业生产用地面积的 3.9%。但当起始基数较小时，则更容易实现高增长率。如今，有 1/10 的农民要么正在向有机农业转型，要么在自家农场开设至少一项有机农业项目。在公众舆论对传统农食产品信任度不断降低的背景下，法国政府决定，到 2022 年，将公共部门食堂的餐饮结构调整为包含 22% 有机产品，并希望届时生产有机产品的农业生产用地面积能够达到农业生产用地总面积的 15%。而目前只有北欧达到了这一标准。

当然，如果我们只看法国有机农业发展推广局的网站，在美好的世界里一切都是最好的。生产方式不断进步，有机农业的营业额高达 100 亿欧元。法国农民被鼓励加快转向有机农业，媒体和那些热爱有机食品的"人民"更是对它狂热相信。

让部分农民想要结束传统农业的，除了种种机构媒体和民众施加的道德标准之外，还有他们对农业投入品①的依赖——他们会用"我不想再依赖杀虫剂"来表达这一点，但他们那些还没有实现这一重大转变的同行会了解问题多么棘手。除了上述，还有就是有机食品往往比传统农食产品卖得更贵，小商店和贫困地区通过售卖有机产品赚取利益，这就是有机农业为所有在传统农业中挣扎的人提供出路的方式。

然而，当我们从长远角度来考量有机农业发展的各个维度，包括其具体内容涉及什么、其所获成效有哪些，就不难发现其中存在极大问题。但在法国政府对有机农业的积极推动和喜好者的

---

① 在农产品生产过程中使用或添加的物质。包括种子、种苗、肥料、农药、兽药、饲料及饲料添加剂等农用生产资料产品和农膜、农机、农业工程设施设备等农用工程物资产品，也包括不按规定用途非法用于农产品生产的物质，如孔雀石绿和瘦肉精等。——译者注

过分吹捧下，关键问题都被避而不谈了。农民却对这些问题一清二楚，也正因此，他们才不愿采用这种生产方式——农民很熟悉自己的行业，知道自己的生意账目怎么算清。不过有时，就有机产品而言，账不是那样算的：开始（"转变"）总是困难的，几乎无法保证价格长期保持合理、农民有利可图。但现在无疑有一个机会之窗，接下来让我们解释一下这种情况。

运用商业手段，使城市充满活力

如果消费者需要有机农业来满足安全需求，消除自己对于农产品生产中化学化工品损害个人身体健康的顾虑，那么在这种理念下，人们的认知会呈现出严重选择性遗忘，被迫认为过去的生活更好，食物品类更多，味道也更佳。实际上，这些推断只是把过去理想化，毫无事实依据。

当然，过去农民与细菌污染交战时选择了相当激进的方式，细菌危害有多大，反抗就有多激烈。在最先进的国家，今天的防治方法与20世纪70年代相比已截然不同（但热带地区发展中国家情况则与之不一样，那里是瘟疫高发区，且缺乏农业技术培训，遇到疫情时农民就会不假思索地往地里喷洒农药……）。农民对农业操作措施规范进行了相当大的优化，只在万不得已的情况下才使用化学农药。关于这点我们将在下一章讨论。

然而，有机耕作已成为农业中唯一被认可接受的方法，所有非有机耕作的践行者在接待来访者时都必须证明自己的耕作方式是正确安全的。但是有机耕作者也必须采取必要的防治措施，只是他们必须对这一点谨慎地保持沉默……如果他们承认自己采取了防治措施，则会坚称自己的防治方法绝对不会危害生态环境和人体健康——可是这并不完全正确。

就保护环境而言，有机食品声称自己是食物中的佼佼者，因为其原料来自天然产品，而且人类为了更好地生存发展，总是不断地纠正大自然的自然状态，有时甚至用鲁莽草率的方式力求改造，而大自然显然更希望人类不要对它进行修正。但是大自然真的那么好吗，尤其是对人类来说？这是1944年出生、曾任法国卫生部医疗服务总局局长的经济学家让·德·凯瓦斯杜埃在他的多部著作中针砭时弊、切中要害的主张。大自然母亲也手握杀伤力最强的毒药。

凯瓦斯杜埃的每部著作都满篇谈论历史上几乎毁灭人类的流行病和瘟疫。受过良好教育的人总是喜好探究自然法则，甚至试图从中识别规律变化，他们认为自己生活的世界没有危险，所以不会只推崇有机产业。这里其实犯了一个错误，因为全球化和气候变暖，全世界面临的风险正在加剧。

消费者则真诚地相信有机产品对健康和环境都更加友好，因为这也是无数组织和机构为了打造繁荣的有机产业而树立的信念，它们总是设法引导消费者相信这些信念，相信有机产品在生产过程中极少受到化学化工品处理，甚至完全未经如此处理。食用有机产品当然更好，尽管更贵。

未有定论的环境效益评价

事实上，由于防治产品效果较差和使用频率增加，农民不仅对有机产品进行过防治，而且是深度防治处理。更糟糕的是，在防治方面，"天然"并不一定意味着更好——香叶醇、除虫菊、鱼藤酮（现被列为禁用物质，因被怀疑是帕金森病的发病因素）、高浓度的铜都会破坏土壤且危及人类健康。尤其是通过化学合成方法得到的硫酸铜。为什么允许它在有机食品生产中使用呢？因为硫酸铜对于收成来说不可或缺，严重缺铜甚至会导致土地绝收。我们已经注意到，有机农业发展存在矛盾，而且这并不是它最主要的矛盾。

现在法国当局计划对含有硫酸铜的产品使用进行限制，因为硫酸铜对土壤有毒性作用，这种无机化合物一旦在土壤中积聚就会对环境、水和生物体产生危害。有机种植者在绝望中挣扎，试图与计划中的禁令抗争。这一禁令将使他们陷入技术困境，就像他们从事传统农业的同行面临的境地一样。由于人们对化学的憎恨与日俱增，越来越多的防治技术和产品被禁用。

然而，如果不借助化学防治，寄生虫病对有机农业的危害会相当之大，而且中耕花费的时间更长，不管是纯手工或耕作机械作业都相当耗时。有机耕作者在植保产品上省下的钱，会花到人力和机器上（齿耙、旋耕犁、中耕机、粗耕灭茬机等），总之是充分发挥聪明才智，尽力限制病虫害发生，降低杂草对农作物的危害。有些耕作者会通过最大限度推迟播种时间来解决问题……但等植物完全成熟时就会面临缺水的风险。还有一些人会采用植物混种，另一些人则选择抗性更强的品种……无论如何，人们都必须找到应对措施，因为生物入侵者无处不在。

因此，评价有机农业和传统农业的环境效益取决于我们的考量标准。虽然排除了对化学化工品的使用，但有机种植者借助机械作业的工作方式，消耗了燃料，向大气排放了二氧化碳，无异于增加了化石能源的消耗，也加剧了气候变化。更不用说有机耕作对土壤的影响了，尽管这在今天被认为是最有必要保留的农业生产方式。如果有机种植者不能或不愿使用农机，拒绝这种解决方案，那他就必须进行繁重的劳作，拔除杂草，工作时间根本无法统计。或许农业生产者可以通过与自然亲近的工作环境来吸引一些不错的临时工为他除草，最常见的是招募厄瓜多尔工人，因为只要支付低廉的工资，他们就愿意做这些脏活儿、累活儿。

中毒的风险

有机食品更有益健康？没有比这更不靠谱的说法了。关于这个问题有很多争议。人们通常用二元对立的思维去看待问题，甚至常常诉诸暴力，在这种社会文化背景下煽动性言论被四处散布——大型分销商可以借此实现利润倍增，许许多多的机会主义企业或公共组织也被催生。所以，让我们试着超越分歧去看待这个问题。事实上，没有任何科学研究结果能证明有机食品更具优势，相反，那些不耐储存的有机食品中存在致病菌污染的风险更大。如果说有机食品的消费者比其他群体健康状况更佳，那是因为他们购买力更强，也更注重饮食安全、讲究卫生，他们通常勤于锻炼且不抽烟。总之，就是他们拥有更健康的生活方式。相关性不等于因果关系，我们要注意避免混淆关联性和因果性而作出错误判断。

而且，因为有机食品在病虫害防治上获得的有效保护更少，其保质期通常更短，这带来了巨大的食物浪费，另外也存在导致植株生长不良或食物霉变的风险，如谷物中的霉菌毒素和存在于荞麦面粉或青贮玉米中、可造成中毒引起幻觉的生物碱，这些风险都可能引发严重的健康问题。根据毒理学家伊莎贝尔·奥斯瓦尔德的说法，黄曲霉毒素是毒性最强的天然致癌物，存在于全球1/4的农作物中。吃有机食品能让人更长寿吗？到目前为止，这并未被证明。

最后，有机生产者只对产品生产过程负责，而非结果。有机生产必须遵循相关规定，自我禁止限制使用化学防治产品。但是，有机食品生产经营过程的卫生标准相比传统食品更为有限，因为传统食品生产经营遵照的卫生安全规范更成体系，且更加严格。

我们就不谈论从海外进口的有机食品了，不同国家对有机食品的定义不尽相同。不过，因为促进"生态平衡"的原则往往一致，对于进口有机食品通常会当作本土有机食品进行销售。

另外值得一提的是，有机生产者不得不以更高的价格出售产品，因为相比常规产品，其产量低了大约1/3，收成更不稳定，且用工成本和机械作业成本更高。有机农业是否真的值得推广？有机农业生产者清楚，高收入还能持续 4 到 5 年，但之后情况将会变得更加复杂。当大量生产者和企业涌入有机农业领域，会产生两个重要问题：一方面是有机农业造成的寄生虫泛滥会给环境带来压力；另一方面则是价格问题。

有利可图的利基市场……但它必须还是利基

推广有机产品可能是很危险的……对有机产品来说，只要大多数农业生产者仍然采用传统的方式，那么病虫害疫情就是可控的，因为传统农业可提供安全的自然环境，保护有机产品免受危害。但是，如果所有人都"解除武装"，我们将回到农作物病害多发、牲畜瘟疫大规模暴发的过去，大片农作物受损、大批牲畜患病死亡。就像今天发生在贫穷农村的那样，有可能造成粮食减产过半。这也是为什么有机农场主在自家牲畜患病时也会使用抗生素。

有些有机生产者请求豁免禁令，他们需要借助传统农业的防治产品来控制病虫害大暴发，此类情况时有发生，而且比业内人士承认的要多。在北欧的露天养殖场里，90%以上的有机火鸡患有足趾皮炎。在法国的屠宰场里，有机猪被分开屠宰，这既是为了遵守行业规范，也是因为这些猪的肝脏已被寄生虫感染。但是谁会公开这些呢？

近年来，有机产品的销量大幅增长。但销售额的一半是在大型商超实现，其中主要的利润来源于有机农产品（获得法国"Ag-riculture Biologique"有机认证的产品），而且进口有机产品也获利颇丰。为了满足消费者的需求，有机产品进口量激增，但进口国的有机概念可靠性存疑。不过这些产品一旦抵达欧洲，就会受益于"生态平衡"的原则，只需对其进行轻微改装即可披上有机的外衣冒充当地产品进行售卖。贴一个标签，再在工坊里加工一下，好啦，产品就在法国被包装好贴上标签了！消费者知情吗？海地的有机香蕉种植依赖被剥削的妇女和童工劳动力。

　　然而，由于工作人员不足，海关监管远远不够。如果实施全面检验，大约20%的产品将会不符合法国的标准要求。如果你了解印度、巴西和其他南方国家①的食品安全法所许可的生产加工标准，那么你就会知道，不管是有机还是传统，相较于产自印度或巴基斯坦的巴斯马蒂大米，卡马尔格大米会好100倍。这些国家的农民在消灭瘟疫方面的创造力真是无穷无尽，他们会毫不犹豫地使用毒性最大的农用化学品（有时这些化学品是从北方国家运送过来的，它们在受到禁用时就会这样处置），哪怕使用这些产品是以损害他们个人和家庭的健康为代价。这些国家的单位面积农药用量通常会超出限度，且不遵守施药安全间隔期，而其管理部门对农药残留检测监督不强、超标处罚较轻，缺乏有效的检测技术和手段。而且当政府部门腐败，行政出现不作为或乱作为时，相关职能部门安全关卡就会层层失效……

---

　　①　一般指发展中国家，因为发展中国家的地理位置大多位于南半球和北半球的南部；北方国家一般指发达国家。——译者注

因此，从那些远未适用同等社会环境标准的国家进口有机产品且此类进口仍成倍增长，这对法国农产品生产商造成了不公平竞争，也欺骗误导了法国消费者。进口有机产品中不符合法国有机生产卫生标准的案例不乏少数。今天食品污染倍增（荞麦面粉或四季豆中的曼陀罗、霉菌毒素等），明天就可能造成系列重大食品安全事故。虽然目前严重个案仅为个例，但针对此类案件极易出现集体沉默——比起对传统农业杀虫剂的强烈谴责，与有机行业相关联的公共卫生危机却鲜有人提及。

确实，有机食品产业占据一席之地，但一方面，行业需要达到北欧生产商对质量的需求和期望（尽管北欧的有机核心发源地光环逐渐褪去，产品可靠性下降）；另一方面，市场必须还是利基。否则，来自世界各地的假冒有机产品将对法国的有机产业造成不公平竞争，也必定危害广大消费者身体健康，导致严重后果发生。当今世界，假冒有机食品引发的死亡案例比传统食品更多！

南方国家的小生产商由于买不起农用化学品而被迫从事有机生产，这导致营养不良人群和病患的预期寿命缩短，健康问题反复出现。在欧洲，最严重的食品安全危机发生在 2011 年，事故源自从埃及进口的葫芦巴种子（当时葫芦巴种子被误认为大豆种子），德国北部一家有机农场对这些被大肠杆菌污染的种子进行销售。这场交易所涉及的"肮脏"食品在事故之初导致西班牙黄瓜蒙冤，事发后致 30 人死亡，数百人需要终身透析。

面临更大的价格压力

正如我们前面所说的，选择进行量少质优的有机生产可以使小农场增值。但当市场整体价格升高时，任何人都难对有机产生兴趣，因为这意味着生产者必须接受维持低产以保证产品售价更高，且不得不增加劳动成本投入。这是由市场决定的。但为选择做出选择到完成改变需要很长时间，而且过渡时期总是困难重重。当小麦在国际市场上价格飞涨，除非生产者失去理智，否则他们不会生产有机小麦并同意减少 1/3 产量，而且他们也无法确定生产的产品能否满足买家的质量要求！这就是 2019 年发生在硬粒小麦（常用于制作意大利面和粗面）的情况：加拿大收成不佳导致硬粒小麦价格飙升，且法国产量无法满足意大利和北非的需求，因为农民在此前经历糟糕的三年后减少了硬粒小麦种植面积。硬粒小麦对天气因素敏感，容易发生病虫害，收成极具不确定性……我们必须找到促使硬粒小麦生产/种植可持续发展的方法以应对这些问题。

这就是为什么当前把传统食品置于有机食品的对立面没有任何意义。它们所代表的两种生产方式往往需要携手合作，才能找到符合社会期望的解决办法。和合作社一样，农场也纷纷建立起有机生产体系，以进行市场测试和研究模式转换的可行性。

我们不应忘记，所谓的传统农业仍然占发达国家农业生产方式的 95%。确切地说，传统农业养活了世界——因为传统农业必然是强势农业，它是我们与粮食不安全、食品不卫生斗争取得的战果，也是我们与高粮价、食品质量不稳定以及食材季节性限制斗争获得的胜利。传统农业坚守为大多数人服务的原则，多年来在不断地反思和审视，从未停止前进的脚步——面对消费者新的需求期望，它迎来了重大挑战，正重新寻求方法加强生物多样性保护和引入环境可持续发展管理标准，兼顾处理产量和价格问题。

令人难以接受的是，吹捧有机产品的生产者认为必须贬低诋毁传统产品来力证自己的产品涨价是合理的。如果有机产品更好，他们就更会强压这种合理性！类似碧欧客这样在有机史上有所记载的生产商，它们经常会为自己的宣传活动支付高昂的费用，以诋毁那些以传统方式生产或在大型商超销售有机产品的同行的形象。这些都是让人难以接受的做法，容易激起消费者的怀疑和不信任感。

事实上，真正令人担忧的是有机产业的大规模普及将扼杀有机产业，这样不仅会破坏有机行业的健康发展，也会摧毁消费者对有机行业的信任。如果有机产业不是利基市场，如果所有人都开展有机业务，那么不仅价格压力会大到生产商无法应付，需求也会跟不上供应，这也将迫使生产商对部分产品生产降级。把极高进货价的有机鸡蛋放到自动破蛋机里，分离好的蛋白蛋黄就以高出传统鸡蛋三倍的价格销售，有机牛奶因为价格过高销路受阻不得不降级生产，这就是法国正在发生的事情。但市场不是可以无限扩大的！有机生产商必须找到能高价出售产品的渠道。但有机生产商似乎越来越适应大型零售商咄咄逼人的做法。

人们必须吃有机食品才能拯救地球吗？联合国粮农组织 2007年的一项研究报告认为有机食品可以养活世界人口，这项研究经常被引用以证明有机生产方式的推广具有现实意义。但大家通常只是断章取义，而并不阅读全文，因为这份报告跟联合国其他机构的报告一样，内容冗长又措辞谨慎，处处避免触及敏感问题，冒犯任何国家感情。

事实上，联合国粮农组织认为有机食品可以养活世界……但前提是农业歉收、粮食奇缺的南方国家能够对标发达国家采用的有机食品生产标准。只有在满足这一条件的情况下，大幅增产的南方作物才可以解决发达国家普及有机生产方式造成的粮食产能崩溃问题。我们离实现这一目标还很远，所以全面推广有机食品不过是搬起石头砸自己的脚。

逆境重生，反败为胜

按照法国政府的意愿将有机种植农业用地的比重扩大至 15%，这种做法实际上是选择降低农作物单产，亦即有更多的土地会被转用作农业生产。在法国这个崇尚林木的国度，这就意味着曾经让国人以此为荣、覆盖国土 1/3 的森林，部分将被转作农耕用地。

此外，当农业生产任务繁重艰巨导致该领域人力资源长期紧缺，不得不引进外国劳动力的时候，谁会愿意继续从事有机农业？占法国总人口 8%的失业者并没有做好回到农村的准备，我们应该强制他们下乡吗？难道要开展一场"上山下乡"公民活动，把青年人放到农村？这倒有可能是一个很好的方法，可以让那些梦想实现永续农业和自然农业、总是为气候发声的游行者忙到停不下来。像我们小时候那样，既然他们想参加罢课，那就派他们去挖蓟菜、拣马铃薯甲虫吧！或者派他们去参加拖拉机驾驶培训，反正农业生产部门也无法招聘到足够的专业人员来操作这些机械机具，而在禁止施用农用化学品的背景下使用这些机械机具又是不可或缺的……

因此，发展有机农业可不是容易的。这就是为什么在今天欠发达地区通常可以借此概念骗取公共补贴，并提升区域价值。税务机构更甚，借助消费税来为有机活动提供大量资金支持。吉尔·里维埃-韦克斯坦发表的月度通讯稿《农业与环境》表明，在法国已经转作有机种植的农业用地中，2/3 的土地生产潜力不足——而农民，总能机智敏锐地选出其中生产力最低的土地用于有机种植，因为针对这些土地无论如何都无法以传统农业的方式进行有效开发，更何况有机种植越来越受到政策面的支持，如果发放补贴，有机农户普遍能够得到巨额资金。面对有机补贴，农民的做法与当初面对共同农业政策补助时如出一辙。自 1992 年起，共同农业政策出台限制农产品生产过剩并实施了休耕补贴——农民随即停止耕种最偏远以及最贫瘠的土地，以便满足申请补贴要求，获得比种粮收益更高的补助资金。在法国西南部，农民将没有灌溉补助的玉米种植地改为有机种植，虽然有机种植单产偏低，却能为农民带来更高价值。精明的机会主义和市场决定了他们的选择。

　　媒体惊叹，法国农业向有机农业"大规模转移"不可思议！但事实上，就实际产出而言，有机农业不仅产量低还占用巨额补贴。花销大却产量低，这合理吗？当然，只要我们还有经济手段来实现自己的需求，这就不是问题。不过，有机生产商已经面临补贴力度下降，甚至早期激励措施被直接取消的问题。

　　最后，这些有机农地主要成为饲料地①，而饲料基地还需要更大面积的土地以喂养草饲牛……这样我们就又回到了粗放经营的生产模式。为什么不行呢？首先，法国农业生产用地面积只有2800万公顷；其次，法国南部紧邻全球粮食短缺最严重的地区；再次，在将所谓的"无农药缓冲区"扩大至居民区附近的过程中存在可耕种土地减少的风险②。此外，大量宝贵土地资源被浪费——每年有近10万公顷土地被规划作建设用地，用于增加居住用地、各类建筑物、交通设施、物流仓储、工业用地，还有越来越多的土地被划入生态功能区、自然保护区和国家公园。除非法国要实现去农业化，否则是不会这么做的……当一个年轻农民想要安居，他很可能遇到土地资源稀缺带来的问题，让他的农业项

────────────

　　①　即饲料基地，专门用于生产牲畜饲料的地区或地段。它是发展畜牧业的物质基础，摆脱靠天养畜，实现畜牧业现代化的基本建设之一。在气候寒冷干旱的纯牧区，饲料基地的建设尤为重要。其所产饲料可在冬春缺草季节作为补饲之用，以免牲畜生长发育不良，或受各种灾害影响而死亡。——译者注

　　②　在"无农药缓冲区"扩张的过程中，土地不一定被转为有机耕作，也有可能被人用作其他用途。——译者注

目变得更加复杂且成本高昂。而且，只有当他选定的土地符合从
事相关农业活动标准时，才能享受欧盟政策补贴。布鲁塞尔①忽
略了法国领土的特殊之处：灌木丛生的石灰质荒地、海拔居中的
山区、废墟之上建立的城市近郊……但恰是在这些地方，我们希
望看到农业长足发展：无论是发挥"短链"流通优势，发展有机
农业，还是发展以高品质产品著称的特色农业，以何种形式发展
都可以。因为这些方式都是仅存的，可以帮助地区逆境重生的
利基。

让天下人都能获得食物

盲目夸大宣传某些精英主义系统的价格和产量，过分吹嘘某
些耗费大量人力的农业模式，这些做法既不宜推广，又不可持续。
当然，这并不是说我们不该考虑减少杀虫剂的使用。但农民一定
要小心，因为公众时常摇摆不定，喜好千变万化，一旦某天公众
背弃有机农业，他们就会控诉有机行业的欺瞒——凭空许诺健康
价值，缺乏有效防治方面并对公众隐瞒此事，以及在有机生产中
允许使用的药剂安全性方面隐瞒真相。农民也要警惕，因为法国
生产的粮食将不再充足，不仅无法养活世界，连养活自己都成问
题。目前法国已经开始牺牲本国生产者利益，越来越多地从国外
进口质量存疑的产品。

---

① 此处为新闻惯例，用首都或者标志性建筑代指一国政府或某一国
际组织机构。布鲁塞尔为欧盟总部和北约总部所在地。——译者注

因此，强制推广有机产品并不符合公众利益，也无益于农民。首先，高昂的价格将穷人排除在外。其次，农民也只是在有机行业处于利基的情况下才会希望出售产品。有些活动极力提倡有机产品、支持本土食品、认可"短链"流通，这些倡议活动当然是出于真诚地寻求更好的农业模式，但在推广中却极少考虑到影响农业模式的所有因素——与产量相关的巨额补贴，随时愿意为冲动消费埋单的高购买力人群，以及种类不够丰富的农产品。最重要的是，有机农业绝不能是为传统农业敲响丧钟，这会迫使我们回到祖辈的生产经营方式，与此同时，全球其他地区则在为解决气候危机和相应问题而与时间赛跑。法国绝不能成为农业博物馆！此外，还要警惕粮食短缺和食品污染再次来袭……

第 8 章

警惕粮食短缺
和食品污染再现

　　人们越来越讨厌"杀虫剂"，时刻都在痛斥杀虫剂对环境和人体造成的危害。全球癌症发病率猛增，昆虫、鸟类和蜜蜂的灭绝也都归罪于它。因此，各国政府颁布越来越多的杀虫剂禁令，非农人员再也无法忍受田间出现的喷雾器。在法国，政府决定在居民区周围设置"无农药缓冲区"，其保护范围的大小根据作物和土地承受力的不同而调整。

　　对农民来说，保护农作物健康生长至关重要，即使在有机农业中也是如此。在法国，越来越多化学药剂被禁用，从新烟碱类杀虫剂到莠去津，再到乐果（用于防治樱桃树主要害虫樱桃果蝇），但这些药剂在法国的邻国仍被允许使用。因为难以找到乐果的替代产品，自从乐果被禁后，樱桃树就被连根拔起。德龙省的桃树也遭受同样的境遇，它们被李树痘病毒，一种侵袭果核的病毒性疾病大面积损毁。为了防止病源繁殖侵害更多的果树，废弃果园被整片拔除。这些果园的美景和几十年辛勤劳作的成果正被毁于一旦，取而代之的则是越来越多的荒地和四处蔓延的大火。

在全球化发展日益深入、气候变暖持续加剧的背景下，细菌病毒和朊病毒呈加重发生态势，从亚洲大黄蜂到邪恶的臭虫，各类极具破坏性的害虫泛滥成灾。面对这些问题，对外来入侵物种缴枪弃械将极大地增加农业工作的复杂性，同时，大规模病虫害再次暴发的风险倍增。进入 21 世纪以来，法国发现了 70 种新的入侵物种，除了昆虫以外，还包括腐蚀微生物、霉菌、真菌和外来有害杂草物种。整个欧洲则存在 1 万多种入侵物种。但公众舆论却如此强烈地反对杀虫剂，轮番上演"渴望罂粟"运动和市长倡议活动，后者旨在禁止在其管辖城镇使用农药。程度激烈以至于任何理性的言论一旦发表即刻遭到抹黑攻击。被告未及表达辩护意见即已获罪。

细菌污染过去是，现在仍然是致命杀手

然而，防治产品（"杀虫剂"一词应该被禁用，该词承载着如此消极的负面情感，以至它本身已经是问题所在）已经并将继续为人类提供大量服务。防治产品被设计为具有选择性①的药剂，这与"自然调控"相反，后者可能导致无区别灭杀。当你试图解释他人发现的农药残留物含量低，他们就会用"鸡尾酒

---

① 农药的选择性要求农药不仅对高等动物或被保护植物安全，对害物有较好的毒杀效果，而且还要对天敌及有益生物安全。——译者注

效应"① 加以反驳。你极力解释果蔬里即使存在农药残留，残留量也会非常小，绝对低于法律规定的农药最大残留限量（LMR）标准，且法国的限量指标是欧洲最严格标准之一，这也是法国农业的安全程度跻身世界前列的原因。他们就会驳斥长期食用带有农药残留的果蔬，即使每次残留量不大，这些农药残留也会逐渐沉积在人的身体内损害器官。人们不再想要"杀虫剂"，他们将植保产品、杀虫药剂、杀真菌剂、杀菌剂和除草剂视为洪水猛兽，认为这些都是应受谴责的剧毒有害物质。相反，当判断有庄稼受害、牲畜患病的风险时，农民则会认为这些药剂相当于人们生病时服用的药物，或者营养缺乏时服用的维生素补充剂。

这是一场聋人间的交谈，双方各说各话。在这场对话中，那些可以控制媒体，制造对中毒和污染的恐怖情绪，玩弄大众感情的人，他们的声音盖过了那些试图理性解释防护病虫害威胁的必要性的呼声。病虫害曾对人类和牲畜造成灾难性的破坏——19 世纪中叶，爱尔兰因一场马铃薯晚疫病暴发大饥荒，导致超过 100 万人死亡，还有约 100 万人因饥荒而移居英国和美国。简言之，这可谓一场巨大的环境危机，尽管当时并无"环境难民"一说。而现在，晚疫病又卷土重来。

19 世纪末从美洲传来的根瘤蚜虫病几乎摧毁了法国所有的葡萄园种植业。如今，在法国农业食品贸易中，葡萄酒行业出口

---

① 用几种酒调和在一起，可以产生一种色香味俱佳的奇妙酒精饮料，这是鸡尾酒最大的魅力所在。人们把这种因组合协调而产生的意想不到的效果，称为鸡尾酒效应。——译者注

对顺差贡献最大——香槟酒、波尔多红酒、勃艮第葡萄酒和干邑确保了法国酒业在全世界的美誉。但试想这个情景：今天的法国，葡萄树长势衰弱，且遭受越来越多难处理的寄生虫病侵袭。在阿尔萨斯，转基因葡萄种植实验主要是为了转入抗病毒基因——例如抗扇叶病毒的基因，以增强葡萄对外界的抵抗力，但由于不怀好意者的蓄意破坏，试验田遭到毁损，多年的公共研究化为乌有。

灼烧病，也就是被称为"圣安东尼之火"的疾病，曾经令整个欧洲感到恐惧。患病者的四肢坏疽，严重部位甚至脱落。希罗尼穆斯·博斯据此创作了一些可怕的绘画作品。因为当时无人知晓此病病因，人们普遍认为怪病是贫穷的妇女巫术作恶，便将其烧死。1951年在蓬圣埃斯普里发生的面包危机让小镇多人发疯，这场危机源自黑麦中的麦角菌，一种污染面粉的霉菌毒素。诸如此类的健康危机远未消失，甚至继续影响着全球 1/4 的农作物，威胁贫困人口的生存。非政府组织通过营养改善行动计划和提供治疗性即食营养食品等方案手段，在对抗儿童饥饿问题方面卓有成效，但面对夸希奥科病①却依然束手无策。"夸希奥科"在加纳的阿散蒂语中意为"红色儿童病"，这是一种蛋白质—热能营养

---

① 一种蛋白质严重缺乏而热能供应尚可维持最低水平的恶性营养不良。患儿表现为体重下降，头发变红，皮肤暗红、增厚，脱皮；表情淡漠，震颤；肝脏脂肪浸润坏死，血浆白蛋白浓度可降至极低；水分滞留组织间隙，造成水肿，以下肢为甚；消化道及心、肾功能均有改变。急性病程，不治疗可于短期内死亡，治疗及时可于数周后转愈。——译者注

不良导致的疾病，是断奶后转自家庭饮食时未及时供给富含蛋白质的食物导致。现在我们知道，这种疾病会对儿童的生长发育造成灾难性的损害，它之所以难以控制，主要是由于患儿的肝脏和肾脏受到了损害，一旦误食某些霉菌毒素污染的食物即可诱发严重的肝功能衰竭。尤其是黄曲霉毒素，它是世界上最强的天然致癌物。

病从口入，人们摄入的东西往往是祸害健康的根源。火疫病和木薯褐斑病引发了非洲贫困农民的悲剧。为了与疾病抗争，他们拼命地四处寻求帮助，希望获得各类"杀虫剂"，幻想着在这片集体所有的土地上，只要施用这些药剂就可以加强对土地的控制。这种做法与法国农民的做法相去甚远。法国农民使用植保产品时必须持证上岗，施用时必须穿着防护服，并且喷雾器的使用也需要获得相关批准。

在贫穷的国家，农民会在未接受任何培训，不穿戴防护衣具的情况下，在40摄氏度的高温下施用各类"杀虫剂"，甚至会半身裸露地斜挎着喷雾器。被回收的空药罐有上百种用途，包括制作玩具和装盛食物。可哪怕尼日利亚经常被割破的输油管——村民经常冒险偷取汽油到黑市上出售——会引发爆炸和大火，也没有人禁用汽油……不管怎样，只要世界能源使用结构仍然是以石油、天然气和煤炭三大传统能源为主——占能源总消费量的85%，对化石能源的争夺就需要得到解决。

问题不在于杀虫剂，而在于杀虫剂的用法。法国农民是必须严格遵守相关规定的，他们需要根据风向规划好田间作业的行走路线、准确量取所需用量、掌握施药安全间隔期……而且规定要求他们必须定期检查喷雾器。现在农用喷雾器都安装有防溢式喷嘴以防止农药喷溅。

另外值得一提的是，南非多次暴发的李斯特菌病疫情，家庭后院饲养活禽引发的多地大规模沙门氏菌病疫情，以及由非典（SARS）病毒、中东呼吸综合征（MERS）冠状病毒、疯牛病（BSE）病毒等引起的各类人畜共患疾病……纵观人类历史，抗击传染性大流行病一直是全球优先事项。世界动物卫生组织（OIE）于 1924 年在巴黎成立，原名国际兽疫局。人类 60% 的病原体来源于动物，世界动物卫生组织在 2019 年 11 月关于畜牧业抗生素使用状况的报告中指出，欧洲畜牧业针对抗生素耐药性现象采取了相应措施，但经历了一次抗生素用量大幅下降后，用量就不再下降。因为瘟疫威胁着我们，卸下防御只会让我们面临巨大的风险。人类 3/4 的疾病是通过动物传播的，从沙门氏菌病到黑死病皆如此……任凭事态自然发展的态度是一种反人类的罪行，寻找替代办法势在必行。

猖獗的蚊子

制定严格的法规合情合理，但若借此矫枉过正地谴责各类植保防治措施，则是忘记了人们所经历的一切，也忘记了人们所面临的威胁。在世界各地的农村，学龄孩童在假期会被安排到田地里驱虫。在法国，学校假期与葡萄采摘收获期重合。20 世纪初，未及时（手工）拔除蓟菜会被处以刑事罚金。20 世纪 50 年代，因为无法驱除害虫和清除杂草，小麦总产量极低——平均亩产不到 2 吨。市政厅还因此分发砷糊剂用于消杀令人讨厌的甲虫！但这些害虫今天又重返我们的农田。

没错，杀虫剂的设计就是对昆虫不友好，尽管这些昆虫成了我们的朋友，它们的急剧减少让我们感到遗憾惋惜。这就是著名的雨刮器综合征①，从此我们就干净清爽了。但昆虫也算人类最可怕的敌人之一，鞘翅目昆虫，不仅有以蚜虫为食的漂亮瓢虫（但当它们从亚洲飞来，把我们善良的本地物种吃光时，我们就不那么喜欢它们了），也有啃食土豆的叩头虫，还有一种有几十个亚种（代表了生物多样性）的小型象虫、豆象，它们危害我们的庄稼和食物，摧毁南方国家的收成，甚至破坏我们储藏之用的筒仓（因为存放有机食物）。它们也使那些不使用化学防治的农民无奈放弃种植对土壤有用的作物，如极易遭受虫害的蚕豆和豌豆，又或者跳甲虫泛滥成灾的油菜。

在鞘翅目昆虫里，我们想要的是欧洲瓢虫，而不是亚洲瓢虫，更不是马铃薯甲虫。在蜜蜂科里，一直被抱怨濒临灭绝的家养蜜

---

① 又称髂胫束（摩擦）综合征，俗称跑步膝，是由于髂胫束与股骨外髁摩擦出现的以膝关节外侧疼痛为特征的症候群。在法国，因髂胫束是长条形状，形似雨刮器，所以称为雨刮器综合征。作者意指综合征系错误的训练方式、缺乏专业精神导致，借此对比我们对待昆虫的态度，先是用杀虫剂来帮助增大粮食产量，后来又因喜欢昆虫而不再灭杀。——译者注

蜂品种，现在却被指责从野生品种处盗蜂①。我们真的知道自己想要什么吗？

拒绝防治也意味着我们忘记了蚊子造成的破坏，它们是杀死人类的顶级生物杀手——每年在全球范围内能"杀死"70万人。虽然世界卫生组织确认人类在20世纪60年代成功消灭了疟疾，但是从70年代开始，滴滴涕②的逐步禁用使我们失去了对抗疟疾的武器。滴滴涕对野生物种具有毒性。蚊子保住了，但代价是5000万人死亡——每年有100万人死于疟疾，其中大部分是婴幼儿。疾病对于本就贫穷又营养不良的农民来说，简直是雪上加霜，这样的悲剧不仅浪费工期，还会夺走生命。

直到21世纪初，全球人道主义行动（包括世界卫生组织，盖茨基金会，抗艾滋病、结核和疟疾全球基金，国际药品采购机制，无国界医生组织以及法国生物梅里埃公司，德国默克集团和赛诺菲医药公司等投资建造的研究实验室联合行动）才找到新的治疗方案，使蚊子造成的死亡率显著降低。即使这样，全球每年仍有45万人死于按蚊叮咬！随着全球气候变暖，蚊子的活动范围变

① 蜜蜂一般是以蜂群为单位存在的，蜂群与蜂群之间除了雄蜂之外通常并不会有往来，但是在外界缺蜜或者养蜂人管理不当的情况下，一些强壮的蜂群就会到弱小的蜂群中偷取这些弱小蜂群的蜂蜜，最后导致这些弱小的蜂群饥饿死亡或者逃跑，这就是蜜蜂养殖业中常说的盗蜂现象。——译者注

② 滴滴涕属有机氯类杀虫剂，在20世纪上半叶对防止农业病虫害、减轻疟疾伤寒等蚊蝇传播的疾病危害起到了不小的作用。但由于其对环境污染过于严重，很多国家和地区已经禁止使用。——译者注

大，蚊虫传播类疾病也在加剧，如登革热、塞卡病毒病、基孔肯
雅热……可怕的疟疾也极可能卷土重来，它在 20 世纪以前的欧洲
十分常见，多发于沼泽地带。今天，科研人员利用基因编辑技术
和使用射线辐照来创造不育雄性蚊子，与这些雄蚊交配的雌蚊将
无法在水坑里繁殖数十亿只幼虫。

　　奇怪的是，当虎蚊"攻陷"法国时，再没有人质疑喷洒杀虫
剂是否合适，大家都认为这是紧急卫生情况，所以可以使用杀虫
剂。由此可见，人们的顾虑也分等级，对事态的衡量标准总是反
复无常。如果有登革热或疟疾的威胁，就可以肆无忌惮地到处喷
洒杀虫剂，没人再探讨所使用产品的毒性问题，因为事态的优先
级不一样了。

　　然而，这些禁令将再一次置人于危险境地。蚊虫叮咬会引起
人体皮肤瘙痒难耐，出现大片红疹，此外，在热带地区它们还会
带来可能致人失明的盘尾丝虫病。要应对蚊虫大量繁殖肆虐，最
有效的方法就是使用双硫磷等药剂，在水域中驱杀孑孓和蚋，但
为了保护河流水体，在诸如卡马尔格等地区已经禁止使用此类驱
蚊药剂。如果是对付成虫，则意味着要往空中喷洒剂量更大的杀
虫剂，且效果较差。如今昆虫的攻击性和抵抗力越来越强，只要
人们放下武器解除防御，它们带来的瘟疫就会卷土重来。为了应
对这一健康威胁，世界卫生组织已于 2002 年重新提倡使用滴滴涕
杀灭蚊虫，但建议实行严格管制措施。

保障食品和饮用水安全，刻不容缓

农民使用防治产品和卫生机构出台管理政策的目的是一致的——保护大众。他们的竭力保护让我们避开那些连我们自己都已经遗忘的风险，直到最后一刻，预防的松懈让病虫害有可乘之机又卷土重来。没有人是出于兴趣爱好而做防治工作，这项工作乏味，而且药剂、时间和劳动的成本都很昂贵。20 世纪 70 年代饥饿肆虐，面对粮食短缺造成的极大恐慌，最需要采取紧急措施解决的问题是提高粮食产量、实现大规模减贫以及战胜细菌污染，所以化学防治的方法才得以广泛应用。

自 1960 年起，法国每年约有 4000 人死于细菌感染，以沙门氏菌病和李斯特菌病为主，进入 21 世纪后每年仍有约 200 人因此死亡。法国直到 1969 年才出台《戈德弗鲁瓦法案》，对牛奶进行卫生管理和质量控制，这促使农场选用储奶罐取代传统奶桶车，后者如今已经变成了大受欢迎的装饰品，附有牛轭和旧式手推车。曾经有不少家庭因为食用自制罐头食品全家感染肉毒杆菌中毒毙命；还有各种由于食用变质食物或采摘的野菜引起的中毒事件，通常都是因为真菌感染。

如今这些食品风险再次来袭，因为有许多人在自制的沙拉或汤中加入了并不熟悉或者误认为可食用的有毒食物。将带毒性的马栗当作可食用的栗子，将药西瓜①误认为南瓜，误食撒旦牛肝菌，甚至食用了菜园里重茬种植的西葫芦。要当心植物学巫师学徒创作的"天然"食谱，他们总喜欢用最可疑的食材点缀自己的菜肴！

20 世纪 60 年代，在法国，胃癌是导致死亡的主要原因之一。当时胃癌造成法国数千人过早死亡，现在这一现象几乎消失了。不幸的是，新的致命疾病出现了并取而代之，人们的不良饮食和生活习惯（吸烟喝酒）是引发这些疾病的主要危害因子。然而，得益于营养和卫生条件的改善，全球人口预期寿命得到了大幅增长——1960 年，全球 30 亿人口的预期寿命为 45 岁；今天，全球近 80 亿人口的预期寿命为 72 岁。在法国，20 世纪 60 年代人的预期寿命是 65 岁，今天则是 82 岁，女性甚至高达 85 岁！

富足使人们忘记了物资短缺的风险，而卫生标准的普及则使人们忘记了食品安全的风险。但是，只要体验一下贫穷国家的生活，你很快就会意识到物资匮乏和食品安全隐患如此真实地存在着。到贫穷的热带国家旅行的人，谁没有经历过旅行者腹泻呢？如果旅行者腹泻是可怕的霍乱弧菌引起的霍乱，就会造成大规模死亡。而死于霍乱的大部分都是穷人，这种疾病只要洗手就能预防。自 2010 年以来，海地已有 11000 人因霍乱死亡，疫情与联合

---

①　一种藤本有毒的植物，因为其所有部位有毒，可做杀虫剂，中毒后有头痛、腹泻的症状。属于一种苦瓜类的果实，一年或两年生，形状如气球。外表无毛绒，有竖纹理。空心，内有海绵状物，及类似南瓜籽的种子。壳颜色为棕黄色，有光泽，硬度高，壳内果实为白色。——译者注

国尼泊尔籍维和人员的疏忽纰漏有关。在海地地震后，这些维和人员抵达救援并在阿蒂博尼特河上游驻扎，他们将生活废水排入河流，而这条河是众多当地人的饮用水水源（尼泊尔此前曾暴发霍乱，由于卫生条件不到位，尼泊尔籍维和人员的排泄物没有得到恰当处理就直接排入阿蒂博尼特河）。直到 19 世纪末，欧洲才开始了解受污染的饮用水与霍乱之间的联系。谁还记得美丽的朱丽叶·雷卡米耶①是因霍乱于 1849 年死在了巴黎？

严格的农业食品行业标准

农业食品产业的风险具有多样性，加之消费者对食品安全风险感知能力较弱，出台严格的行业标准规范非常必要。食品行业无权犯错，一旦出错就会成为众矢之的，遭受妖魔化批判和大规模抵制，比如 2017 年底发生的兰特黎斯奶粉事件。兰特黎斯集团②生产的婴儿奶粉被指控受沙门氏菌污染，但所幸无人死亡。当然，没有人会因为喝汽水或吃薯片而猝死，但常年摄入这些食物却可引致慢性死亡。另外，手工罐头食品可感染肉毒杆菌，利

---

① 19 世纪初，法国巴黎最有名的沙龙女主人雷卡米耶夫人。——译者注

② 兰特黎斯集团于 1933 年由贝尼埃先生在法国西部牛奶核心产区建立。兰特黎斯集团不仅是全球第一大乳品集团，而且还是全球第一大奶酪制造商、全球第三大液态奶制造商、法国第一大 AOP 奶酪制造商和全球第十三大食品公司，业务遍布全球，旗下的品牌有总统（President）、格尔巴尼（Galbani）、兰特（Lactel）、保利（Pauls）等。——译者注

用未经高温消毒的原料奶制成的奶酪可感染李斯特菌，被有机肥料污染的蔬菜和被寄生虫感染的生肉可能带有大肠杆菌、沙门氏菌、汉坦病毒、弯曲杆菌……这些潜在风险均可瞬间致命。现在，随着手工食品的流行，有机食品、本地食品、自制食品等风靡一时，使得各类严重食源性疾病的风险显著增加，对体质弱、免疫力低的人群造成致命危害——尤其是在养老院、食堂、医院等场所。确切地说，最脆弱的人群也正是最需要被保护的，他们所在之处更需要从严管理。所有食品安全危机的共同点是风暴总被迅速平息，没有什么比决心不惜一切代价推广某一农业模式却对重大安全隐患视而不见的行为更加盲目。

科学合理使用农药

我们花了50年的时间才建立起安全保障体系，一朝解除防御，就意味着在今后面临重大粮食安全危机以及食品卫生安全问题时，我们会变得极其脆弱。这是集体的大倒退。为什么这么憎恨农药？实际上，与1950年相比，目前农药的平均毒性下降了近90%，每亩用量则降低了近97%！如今农药成本越来越高，万不得已才会上药治疗。自1990年以来，法国的农药使用量减少了2/3，而粮食产量则增加了2倍。

《生态植物计划2》① 旨在进一步减少农药用量，到 2025 年将
减少至原来的一半。气候变暖使入侵生物的生存环境恶化，减少
使用农药是否正符合生物入侵者的全球化发展进程？减少使用农
药又是否满足了那些希望将农业生产用地面积的 15%转作有机种
植的人？养殖户能否不用兽用抗生素？集约畜牧业被指责为人畜
共患病传播的高危领域，在亚洲人口高度密集的地区，人甚至与
动物共同生活、长期密切接触，情况确实如此。我们绝不该忘记，
疾病如何肆虐萨赫勒地区和中亚山区，又是如何摧残那里的粗放
型畜牧民。对这些牧民来说，出手相助的专业畜牧兽医无疑是救
世主。有机农场主会申请特殊许可，用抗生素为患病母牛治疗。
否则患病牛会白白遭罪，且存在将疾病传染至整个牛群的风险。

诚实的农民会承认，他们在有机产业中进行的病虫害防治工
作相比传统农业要多得多，因为有机防治效果更弱。法国在农药
使用量大幅度下降之后又有所增加，经常有关于法国农民"沉迷
于杀虫剂"的传闻，但事实并非如此，而是由于有机食品的兴起
和被证实有效的农药遭禁，农民才被迫增加了农药用量！目前 6.8
万吨的农药使用总量中（2000 年为 10 万吨，2010 年为 6.1 万
吨），25%为授权有机和传统农业的使用量，而有机种植面积仅占

① 法国政府 2015 年 10 月底提出的第二个生态农药计划。第一个生态
农药计划设想从 2008 年至 2018 年计划减少农药使用量 50%，但农药消耗
反而略有增加，该计划没有成功。新提出的第二个生态农药计划分两个时
段，第一个时段是 2020 年前，计划减少农药使用量 25%；第二个时段是
2050 年前，计划减少农药使用量 50%。——译者注

农业总用地面积的 10%！这对自然、人类健康和农民的钱袋子百无是处。

但是，在防治工作方面，法国并不是经常挨骂的坏学生——濒临大西洋和地中海的地理位置有利于阻挡随着气候变暖不断加剧的生物入侵，而且法国的粮食产量占欧盟总产量的 1/5，只是在降低农药用量后其产量降至欧盟第 9 位。我们要捍卫的，正是这一农业典范。

当然，农药是危险的，但危险也正是其主要功能所在——被用来祛除讨人厌的瘟疫！在印度，有许多人服农药自杀，特别是在穷途末路时，为了使家庭摆脱债务，而这些债务通常由粮食价格过低、收入微薄和向高利贷借款所形成。注意不要把危险和风险混为一谈——汽油和洗衣粉都是危险的，但人们应该不会吞服。当城市居民看到农民穿着防护服时可能会气急败坏，但所幸农民因此得以保护自己，因为他使用了消除作物健康危害的化学物品！

对农药的批判近乎集体不负责任。由法国中央农业互助保险机构（MSA）进行的关于农业与癌症关系研究对 18 万农民进行了20 多年的跟踪调研，该项研究与多项大规模研究的长期跟踪研究结果显示，法国农民的平均寿命较全体国民的平均寿命更高，且农民的身体健康状态更佳。在癌症方面，农民的肺部、食道、膀胱和肝脏的患病率较其他职业类别更低。的确，农民的黑色素瘤（皮肤癌和唇癌，可能由日光暴晒引起）和淋巴癌发病率更高，但这两者与杀虫剂使用之间的关系值得进一步研究。还有，早发型帕金森病更常见于农业工作者。但在没有农作物保护就没有农业的情况下，我们是否应该完全禁止使用农药？

草甘膦与保护性农业[1]

　　一种使用了 40 余年的除草剂——草甘膦，正引发社会强烈关注。法国已决心在 2021 年前全面禁用这种被认为对环境和人体健康均构成危险的物质。然而，几乎所有权威的独立卫生研究机构，如欧洲食品安全局（EFSA），法国食品、环境与劳动安全署（ANSES），以及德国和美国的科研机构等，均强调了草甘膦在正常使用条件下的安全性。有一个机构除外，即联合国下属机构国际癌症研究机构（IARC）。该机构在 2015 年将草甘膦列为"可能致癌物质"，从而引发轩然大波。美国对 4.5 万名获准使用草甘膦的农民进行了一项为期 20 年的健康研究，结果表明他们的癌症发病率并没有增加。宣称在检测尿样中发现高浓度草甘膦的实验室，不过是德国一家与草甘膦反对者关系密切的实验室。法国瓦讷大学医学中心对布列塔尼农民进行了同类研究，并未在尿检中发现任何异常。2019 年，美国加利福尼亚州决定维持根据美国国家环境保护局（USEPA）2017 年作出的法规规定，在含草甘膦的农药产品上张贴可致癌警告标签。但同年 8 月，美国国家环

---

　　[1]　以对土壤的结构、成分和天然的生物多样性最小的破坏，实现土壤的最小侵蚀与退化和最小的水污染而采取的土壤管理实践。其中，直播法和最小翻耕体制是保护性农业的两项最基本的土壤管理措施。——译者注

境保护局就对加利福尼亚州颁发禁令，禁止其继续执行涉及草甘膦致癌的警告，该机构认为警告标签是虚假的，对消费者具有误导性。

草甘膦不过是用于农地行间株间除草，从未用在作物身上，法国为什么要如此激烈地反对这种除草剂呢？法国并未培育出任何抗除草剂基因的转基因作物，而且农民使用草甘膦的目的不过是打理杂草丛生的田地，把讨人厌的杂草全部除掉。所谓保护性农业，意在保护土壤结构和生物群落，提升土壤固碳能力，使用草甘膦则可避免传统翻耕、减少农田扰动，这就是为什么在保护性农业中草甘膦必不可少。

在法国，保护性耕作的四大核心是免耕、延长作物轮作时间、免耕或少耕播种施肥以及牲畜粪便污物管理（需要将牲畜送回农场）。保护性耕作让农民可以扔掉犁！但是在免耕情况下，目前需要使用除草剂来控制杂草生长。如果不能采取有效措施抑制杂草生长扩散，那么，种植农作物的斜坡和田埂上就可能长满野草，使机械机具完全无法下地。当然，许多机构在尝试提供可持续替代方案，如 BASE① 组织，促进可持续农业发展协会（APAD），非政府组织蚯蚓（Earthworm）和"生命农业"组织等。访问它们的网站，会发现每一个都极其令人振奋，因为里面有那么多关于环境保护的思考和建议。但就目前而言，人们很难完全放弃草甘膦。

---

① BASE 指生物多样性、农业、土壤和保护性。——译者注

"渴望罂粟" 万岁

翻耕土地能够掩埋杂草从而达到除草的目的，如果免耕你将面临杂草蔓延扩散，甚至长出更多新的植株（包括珍贵的虞美人……）等更大的难题。青贮饲料能保证牲畜在冬季获得充足优质饲料，但混有"毒草"曼陀罗的玉米将危害食用青贮饲料的奶牛的健康。农民会在冬季种植覆盖作物①保护和涵养土地，但如果这些越冬作物被有毒物质侵扰就会失去使用价值，如苜蓿被早熟禾②侵扰，谷类作物被蓟草危害。

有些农民开始后悔卖掉了自己的犁——草甘膦被禁，但截至目前他们都没有找到任何比使用草甘膦更经济、更安全且更高效的替代方案；而且草甘膦的药性并不像人们诟病的那么强烈，施用后许多杂草很快又会重新生长，特别是极具侵略性且生命力顽强的虞美人。虞美人的"硬核"版本就是我们称作罂粟的植物。卫生机构已经告诫人们不要食用含有过多罂粟籽的面包，罂粟含有生物碱成分，长期食用对身体伤害很大。

也许，草甘膦被禁，法国农民就应该改种罂粟田，不但风景

---

① 目标作物以外的、人为种植的牧草或其他植物，用以控制杂草或覆盖裸露地面。它包括能保护土壤免遭风蚀和水侵蚀的所有作物。——译者注

② 小麦田中常见的恶性杂草，主要生长在田野水沟或阴蔽的荒坡湿地上，吸水吸肥能力很强，还会分泌出抑制其他作物生长的有害物质，对作物的危害很大。——译者注

秀丽，收入还有保障。其实已经有一个国家成功地实现了这个规划——阿富汗。发起"渴望罂粟"运动，会不会是嚣张的吸毒者企图使毒品获取途径更便捷、品质更高而发出的战争呐喊？这与产地直供的精髓有异曲同工之妙：从生产者直接到消费者，不需要砍伐热带雨林……

计划禁止草甘膦一事对法国农业构成了重大风险，这一决定将使法国农业在各个层面付出巨大代价，尤其是在欧洲其他国家允许继续使用草甘膦的背景下。当然，对于替代产品的销售商来说，这将是非常有利可图的，特别对生物防治①的推动者来说，这将是一个市值 240 亿美元的巨大市场。

许多机会主义组织机构嗅到了商机，比如美国那些按诉讼标的金额的百分比来收费的律师事务所，它们在报纸上刊登大量广告，鼓动癌症患者将其罹患癌症归咎于除草剂。德国拜耳公司曾认为收购孟山都将有利于打造全球种子和农化品超级巨头，如今却官司缠身，且将面临巨额赔偿。社会舆论对司法裁判影响越来越大，初审法官背离使命，做出更多基于舆情而非以法律为准绳的判决。而且，只有在舆论热度消退时，上级法院才对失误判决进行纠正。

水杨酸是从柳树皮里提取的活性成分，1899 年拜耳公司在其

---

①　利用生物物种间的相互关系，以一种或一类生物抑制另一种或另一类生物的方法，可以降低杂草和害虫等有害生物种群密度。它最大的优点是不污染环境，这是农药等非生物防治病虫害方法所不能比的。——译者注

中添加乙酰基，发明了乙酰水杨酸，也就是现在被我们称为阿司匹林的药物。试想，如果当初拜耳公司在合成阿司匹林药片时也面临如此之多的诉讼，那它绝不可能发展成今天这般世界级大集团，在人类、植物和动物健康领域发挥重要作用（其旗下的动物保健业务刚被售出）。由于疗效显著且用途广泛，阿司匹林成了目前世界上消耗量最大的药品。但同时，它也被上述提及过的国际癌症研究机构列为可能致癌物！事实上，人们日常接触到的产品，如咖啡、食盐、肉制品熟食、烤肉，还有众所周知可引起内分泌紊乱的避孕药，这些都比草甘膦的致癌性高得多……

一种难以被替代的廉价除草剂

拜国际癌症研究机构 2015 年的一项研究所赐，所有表明草甘膦安全性的科学数据在今天都被一味否定了。有许多消息来源称，这个机构的研究结果存疑，因为其某些成员与草甘膦反对者有紧密联系，研究结果极有可能受到经济利益驱动。投放市场 40 余年来，草甘膦在全球范围内得到广泛使用。这种除草剂非常有效，而且最重要的是，因为专利于 2000 年进入公共领域，生产技术公开导致产品售价大幅降低。国际癌症研究机构的研究结果使草甘膦信誉度受到致命打击，公众恐慌情绪被激化，社会对新农业的需求变得更为迫切。对民意十分敏感的法国政界快速反应，决心以其特有的姿态为世界树立典范——自 2019 年起，法国禁止在私人绿地和公共区域使用草甘膦；自 2021 年起禁止在农业生产使用草甘膦。

　　法国全国范围内开始囤积草甘膦，因为到目前为止这种可以防除恶性杂草的除草剂仍无有效替代品。草甘膦禁用引发大量使用草甘膦的群体（如法国国营铁路公司、法国铁路网公司等）的担忧：铁路轨道上若长满野草，哪怕是观赏价值高的虞美人，都会妨碍激光轨距测量，并可能危及乘客安全。目前法国国营铁路公司和市政当局一样，正尝试用智能机器人除草，甚至用开水烫草等多种方法清除杂草，但这些方法的共同点是效率低、成本高……而且不一定更有利于环境。市政技术部门对花时间研究环岛和人行道两旁的杂草问题并不感兴趣，因为这将会使他们的绿化养护和管理成本变得更高。如果城市景观变得荒芜杂乱，就会为臭虫、老鼠、蛇等有害生物提供良好的栖息环境……路边的野草则成为霉菌毒素的储藏库，为害农田……那些城市居民在乡下度假时并不喜欢公鸡晨鸣或者蝉声嘶噪，讨厌总是围着动物尸体飞旋的苍蝇，更厌烦在晾衣架上撒播花粉弄脏干净衣物的蜜蜂。真的要听取他们的意见吗？他们能承受乡下虫害群袭城市吗？巴黎已经鼠患成灾，租房网站上的所有公寓几乎都被臭虫侵扰……不，自然并不是那么美好。

瘟疫归来，风景终结

　　发生在草甘膦身上的情况正逐渐蔓延到其他品牌，各类农药频频被起诉、禁用，最终结果则是瘟疫泛滥。这些瘟疫也热爱我们要留给子孙后代的地球！萨尔特省的卢德城堡，上加龙省的梅维尔城堡，沃子爵城堡和维朗德里城堡里历史悠久的黄林木迷园都被巢蛾的幼虫摧毁了。无论是用性引诱剂还是喷洒有机农药如Bt 生物农药，都无法解决这一难题。

一些历史建筑如凡尔赛宫，获得了施用杀虫剂的特别准许。批准接待游客的景区使用杀虫剂，却禁止农民在田里施用，这不是很荒唐吗？除非你让游客也穿戴防护服，否则当他们看到农民穿着防护服就会恼羞成怒。我们可以打个赌，在这座久负盛名的城堡前偷摸兜售小商品的小贩们，除了对游客提供雨伞、雨衣和矿泉水以外，他们一定很快就意识到要贩卖景区适用的防护服和日式口罩！

如果所有人都坚持淘汰杀虫剂，那么需要有大量的投资、尖端的研究和社会的支持，去寻找可靠的环境友好型替代品。生物防治开辟了希望之路……不过只能作为预防措施。因为虫害一旦暴发，如果控制不及时，蚜虫可快速再繁殖一代，世代重叠将给园林植物的生长带来致命的威胁。

以植物自然防御机制、信息素、防治组合物等为基础的新研究，诸如化学生态学，需要大量资金和资源。开发一种全新的有效防治措施，平均需要测试 16 万种农药成分，而新农药登记周期需要 10 年以上的时间，投资成本可高达数百万欧元。即使这样也无法保证一定获得卫生监督部门严格的市场准入许可！

科研团队正在进行全方位的研究，面对旧农药被禁、农作物病虫害不断加重的局面，科学家们正在与时间赛跑。天敌昆虫，如瓢虫、食蚜蝇、草蛉和拟寄生物，可对抗蚜虫；步甲可对抗地下害虫，同时也能对付啮齿动物、蝙蝠、狐狸和黄鼠狼。这些昆虫再次成为农民珍贵的盟友。它们消灭了数以千计的田鼠，但随着越来越多的鸡和兔子被放养，它们也会伺机灭杀这些放养的家禽和家畜，此时它们就又成了捕食性害虫了。

当农民被剥夺使用有效农药的权利，面对叩头虫、大螟、螟蛾、黑麦秆蝇、瑞典蝇、叶甲虫和欧洲玉米螟这些大众鲜有耳闻的生物侵略者时，会发现自己手无寸铁。放弃新烟碱类杀虫剂导致农民不能再使用包衣种子。当然也有替代品，如拟除虫菊酯类仿生农药（无法确定它们会不会也遭到禁止），但使用时必须以毫米级的精度喷洒到作物种子旁的田垄上，这也意味着需要专业化机械机具，因此投资金额巨大。

示威者要求禁用农药，但消费者是否心甘情愿为他们的要求打开钱包？既然"黄背心"运动的参与者一直抗议高昂的生活成本和政府出台越来越多的管控和限制，那就让他们来回答这个问题吧……

寻找替代品

比起接连发布专断的杀虫剂禁令、为所有害虫铺平道路，难道市长们不是更应该停止无度划分辖区土地和在农业地中心规划建设用地的草率决定①……这样接下来农民也就不必再工作了。

---

① 法国曾有几大城市市长为促使政府采取行动擅自颁布农药禁令，法院对其进行裁判，只有国家环保部有权颁布相关法令。——译者注

例如，在葡萄园里建造一所学校，这是反常态的。即使葡萄种植者采取有机种植，他也会经常性地对葡萄藤进行防治工作。不向民众充分解释禁用"杀虫剂"对农业生产和人体健康的利弊影响，就向他们征求"农药缓冲区"的意见，这完全是荒谬的。

农业生产用地大量损失，农民生产积极性遭受打击，以及法国最终变回荒地和灌木丛生的样子，这些风险是真实存在的。今天，我们谈论的安全距离①是 5 米或 10 米，过一段时间就可能是 150 米……这有可能给法国造成 400 万公顷耕地的损失！然而不只是法国，世界各国普遍受到土壤人工化和农村建设用地扩张等自然生境破碎化问题的困扰。这些看起来像是凭经验随意做出的政策决策，在公众舆论的支配下摇摆不定。然而防治并不意味着有毒，相反它可以确保我们食用的动植物健康，从而确保我们的健康。

现在，利用检测技术在农产品中检测出的农药残留量仅相当于在奥林匹克游泳池里找到一块糖的含量，这不会对人类健康构成任何威胁。人们每天都在皮肤上涂抹大量化学物质（化妆品、护肤品、洗衣液、除臭剂等），尽管这些物质所含的过敏原和干扰物比一个贫穷的农民所被允许施用的化学品剂量要大得多，但受尽谩骂、被各种限制监管包围的还是农民，即使他不过是为了给我们提供健康的食物。

希望那些为了健康而反对杀虫剂的人不要吸烟，不要住在用

---

① 施用农药的土地与居民区之间的安全距离。——译者注

花岗岩装修的房子里，不要再用黏土——一种备受环保人士青睐的珍贵天然资源。尽管今天研究发现使用黏土是危险的，不经充分净化的黏土可能充满病原微生物，不慎误食更是伴有铅中毒的风险！这些反对者也不应该坐地铁，更不应该住在一个隔热性超强的清洁能源房屋里，因为这样的房子通常是真空罐头盒——封闭的环境里更是充满污染物。

我们如果仔细检视自己的一举一动和做法，必定会对我们面临的所有风险感到震惊。生命宛如致命性疾病，有生必有死。我们现在被教导，睡眠时间过长对健康有害，微胖但活跃的人比体重过低的人更健康……恐慌情绪不断蔓延，充满矛盾的禁令变得无处不在。然而，发达国家的居民拥有世界上最长的预期寿命。请您自己找出其中的谬误吧。

法国食品品质很高，备受新兴国家青睐，除了葡萄酒、奶酪和谷物等占法国农产食品出口额比重较大的品种，还有果蔬、肉类、奶制品；但在打破了长寿纪录的法国，民众竟然成为本国农业最无情的检察官。别再平白无故地制造恐慌了！

停止制造恐慌，哪怕这意味着对根深蒂固的信念及其确信性提出质疑，但这绝不意味着科学、医学和农学停止进步。今天，没有任何研究机构或实验农场对这些著名农药产品的使用提出质疑，也不曾试图限制农药使用。它们仅仅是从使用成本出发，探索价格更优的新途径。

来自巴黎综合理工大学、法国国家科学研究中心和索邦大学的研究人员组成的科研团队已经成功合成一种强效的天然除草剂

Radulanin A①，它可以作为草甘膦的替代品……但我们还不足够了解它会对自然环境产生什么影响。而且当前法国存在的主要矛盾是，一方面，制定了特别严格的管理条例，越来越多农药被禁用，并且刚将防治咨询与农药销售分离②；另一方面，又从没有此类农药限制的国家大量购买农产品，特别是在价格仍然起决定性作用的公共餐饮中！

法国农民产生了一种被愚弄的感觉，尤其是当欧洲与美洲（与加拿大的综合性经济贸易协议，也许还有南方共同市场）缔结贸易协定时，法国通过这些协定从美洲进口大量农产品，而这些农产品的生产条件在欧洲的农田里是被禁止的。在美国使用的杀虫剂中，有 1/4 在欧洲被禁止使用；在巴西用于作物防治的 26 种农药中，则有 22 种在欧洲被禁用！即使在欧盟内部，从邻国进口的产品也并不总是符合法国政府施加给国内生产者的社会和环境标准。根据参议员洛朗·杜普隆 2019 年的报告，每年有 50 亿至 100 亿欧元的农产品通过非法途径进入法国，对价格造成下行压力。

减少化学防治，准确地了解植物生长规律，这是对的；确保施药适期、选择合理剂量来预防感染病虫害，这是当然的；对热

① 存在于苔藓植物门苔纲的天然成分，具有广谱除草作用。——译者注
② 防治咨询是由法国农业商会直属管理的理事会执行，专业顾问或技术人员会为农民使用农药产品进行具体建议或指导，避免卖家强迫农民购买不必要的农药产品。自 2021 年起，只有获得许可的公司顾问，才可以提供农药产品使用意见。——译者注

带国家农民开展科学安全使用农药培训，让他们停止毒害和破坏自己的环境，这也是必须的。但是，我们怎么能诋毁这些曾经帮助我们对抗严重疾病和污染，使我们避免了巨大损失的农药产品呢？

　　将传统农业生产和有机农业对立起来是不符合真实情况的。一方面，被外界错误评价寡淡无味、味同嚼蜡的传统农产品之所以价格低廉，是因为传统生产者利用规模化生产来降低成本；另一方面，由关注环境和注重质量的农场精心栽种的少量产品必然更好、更道德①的观念带来溢价，生产者得以用更高的价格向"少数的幸运儿"出售。农业的两难境地并非二元悖谬关系——传统农产品既安全又健康，既丰富又便宜，它们不断发展；有机和传统两种生产方式越来越多地被结合在一起，用于探索更自然、更清洁的生产方式。我们的目标是找到高效、科学的农业，只在必要时才用合理的方式使用农药；在使用农药时，确保剂量精准，把握用药适期，遵循植物生长规律，安全仔细操作喷雾器，安装防溢式喷嘴防止农药喷溅到作物。

---

　　①　道德产品并不是法律意义上的"道德"，而是消费市场意义上的道德产品，即产品在生产和销售过程中必须是道德的，必须进行道德规范。目前，道德产品已得到很多西方企业的认可并逐渐得到推广普及。比如"道德牛仔裤"，这种牛仔裤并不新颖名贵，但具有"正义价值"：第一，不污染环境，是环保产品；第二，不用廉价劳动力生产。——译者注

良好操作规范和土地综合整治合同①

当然，做法总是可以而且必须改进的，社会压力如此之大，也迫使农民不断回顾总结自己的做法。请不要把这些养活我们的人当作敌人！更明智的做法是针对土地的特性订立合同来规范农业操作行为，充分民主协商，促进农民与社会群体相互沟通、了解以及达成和解。

生态组织必须参与调解。因为只有通过对话交流，对目标和评估标准达成共识，才能取得进展，实现所有人都憧憬的新农业。一些具备独到远见的非政府组织已经实践了这种方式，它们与农村建立建设性合作伙伴关系，双方基于共同协商，制定了土地综合整治合同。

必须让那些新农村人意识到农业工作的必要性。他们会因为

---

① 自 20 世纪 90 年代以来，在法国经济增长缓慢、失业率居高不下、社会治安急剧退化的背景下，法国中央政府鼓励各地大力推行城市合同治理方式。城市合同治理方式是指"中央政府、地方政府以及各种社会组织，在平等磋商的基础上，共同研究促进区域发展与地方项目建设的政策、计划，以达到加快落后地区发展、帮扶弱势社会群体的目的"。2007 年，又以城市社会凝聚合同替代了城市合同。城市社会凝聚合同在继承城市合同的基础上，突出了地方自治与智力主体多元化的特征。而土地综合整治合同，则是在城市社会凝聚合同治理方式下的关于土地的合同，促进了地方一级负责人、跨社区公共合作部门、社区间组织以及个人和国家、公共机构、地区政府的沟通协商，通过签订合同，具体规定完成目标时间，以及列明各自目标的框架文件来实现政治目标。——译者注

热爱农村来到乡下定居，但每当看到那些让农村变得美丽的精细工作时又暴跳如雷。他们既难以忍受挤满路面的拖拉机（但在下雪天也会靠拖拉机把陷进泥泞或沟渠的汽车解救出来），也无法接受猪圈或鸡舍建在自家附近，哪怕是有机的，因为散养动物发出的噪声和饲喂时鸡飞狗跳的场景让他们不得安宁。

要始终把农民放在心中最高位置，切莫嫌弃他们。我们这些居住在舒适环境中、什么都不缺的人，错误地认为自然是"自然的"，其实自然是人类耐心劳动打造的杰作。

诚然，所有替代方案实施起来都很复杂。但我们需要学会倾听、学会包容，包括在农业界内部，工会的分歧甚至造成难以弥合的裂痕。当农业经营者工会联合会超过半数以上的成员提议"解决方案合同"，并决心坚决采取措施加大投入生物防治，特别是大力推进为减少杀虫剂依赖的解决方案时，这意味着来自法国各大地区、从事各大类别农业生产方式的联合会成员已经意识到变革的必要性。这与讽刺漫画所描述的情况是相反的。请不要再误解农民，也不要再把他们当作无知或不负责任的人，正是因为他们的工作对能力要求很高，用到的技术也很复杂，才无法向我们解释清楚他们的工作！

要农民为生产粮食养活我们而致歉，这是一场荒诞的悲剧。

倾听消费者声音……童叟无欺，坚守自我

部分合作社纷纷押注"零农药"果蔬，这一做法反映了农业

界存在的利己主义倾向，为摆脱社会信任困境而标榜"我比旁人优秀"。如果一款农产品贴上"零农药"标签，那就意味着指责竞争对手在用农药毒害消费群体。实际情况当然并非完全如此。在法国，竞争对手也要严格遵守法律规定的农药最大残留限量（LMR）标准，为了免遭物议，他们甚至会以远低于安全限量的标准控制其产品的农残含量。我们必须如实告知消费者，并相信消费者的社会责任意识和判断力足够让他们理解农业困境。我们是否想要全部进行无土农业，用塑料膜包裹或者在温室里栽种的农作物，只为确保消费者不会看到一丁点儿的杀虫剂？如果我们想继续在自然环境生产，或许更好的选择是向消费者解释药剂防治的必要性，告知消费者我们会尽量减少农药的使用量、使用选择性农药和低用量农药？农业可以创造大地景观和花卉园艺，也可以保护蜜蜂和鸟类，但农业是否应该以最大限度尊重其环境进行为原则，而不该超越环境、对大自然进行彻底人工化改造？

利穆赞的苹果种植户是法国唯一拥有金冠苹果地域保护标识（AOP）的种植者。作为顶级苹果品种的种植户，他们也是最早在当地的河流与湖泊流域和居民签订操作规范的生产者之一。波尔多的葡萄种植者积极紧跟效仿，他们的葡萄园被纳入环境管理系统。

"零农药"产品的推广则利用人们的恐惧，通过各种方式强化恐惧之下的评判，并针对本是法律规定的义务进行营销，引导消费。消费者必须阅读小字，才能了解具体的标准限制——这些该死的重要信息总印在不起眼的位置。以湖杰林蔬果园（Rougeline）

为首的多家优秀蔬菜生产商，如萨维欧番茄合作社（Savéol）、索拉雷恩番茄合作社（Solarenn）、布列塔尼王子蔬菜种植基地（Prince de Bretagne）和邦迪埃勒集团（Bonduelle）等，对"零农药"标签使用越发频繁，这表明农业追求满足消费者需求的目标到了何种程度。但要留意，由于温室大棚加温方式不符合有机种植标准，如果冬季在大棚里进行蔬菜生产，就不能栽种有机产品……如果你必须冬天进口国外有机蔬菜，那么我们就需要讨论一下碳平衡和"生态平衡"原则可能被打破的问题。

综合整治管理，受控环境，高环保价值（HVE）认证数量持续增长，这些无疑都是朝着正确方向迈出的步伐，而且消费者将从中受益。但大可不必增加消费者的焦虑！和合作社一样，大型商超也纷纷布局精品化产品线，打造高端产品以极大提高产品售价，但实际上，这些产品只是在遵守法律法规的同时，恶意竞争破坏市场……农业不能只服务于富人，也不能只服务于穷人。

农业界应该以集体的力量、团结的精神应对社会攻击，向大众解释行业走势及相关情况，让消费者少一分担心，多一分放心。对于不同的农业生产者、工会组织、生产方式、产业链环节以及地区来说，为了获得权威认证而相互敌对竞争是非常危险的。在我看来，这是错误的战略，因为它助长了公众怀疑，同时，消费者不会仔细区别不同品牌的同一产品，他们只是把所有产品放进同一个购物袋里（碧欧客要注意了！）。

我曾踏遍法国的每个角落，参访了许多机构组织，从而可以做证：从甜菜种植者到养猪户，整个法国农业界对于环境保护的要求都在变得日益严苛。我们的农业是安全、健康和可持续的，无论在哪个地区或者何种生产业态。

尽管农业种类繁多，但为了让消费者放心，农民必须在工会、行业、地区和生产方式之间团结一致，因为归根结底，大家都在同一条船上。想要拯救"农民"这一世界最美、最崇高的职业，这是唯一的出路。

必须尽一切努力维护和保护我们的荣耀骑士。没有农民的尚勇精神，我们就无法从容地展望未来。

第 9 章

做称职好农民，
不可即兴发挥

　　所有农业生产部门（农林牧副渔）都在自省自查。玉米种植户在内部制定了环境可持续性标准，他们对自己的玉米田信心百倍，这些玉米田是生态集约化农作物，通过保护土壤和碳捕获来养活人类。尽管田间整齐度高，但对农药依赖性不强，能够保护动物多样性。苜蓿种植户、果农和甜菜种植户成功通过全面成本管控创造了奇迹般的经济效益，他们坚信好农业可以拯救世界。

　　在世界所有国家和地区的各大行业领域中，新模式和新业态正百花齐放，推陈出新。这些新模式的基础是技术创新、循环经济、控制温室气体排放、适应气候变化，以及根据社会需求下监管调整的预期等调整的生产者预期。绝大多数农民都了解现状，也富有社会责任感。他们清楚自己在进行健康的生产，也确定自己的产品优质、安全。他们深爱着自己的土地，守护着自己养殖的动物的福利，这是他们的农场顺利运行的基本条件。他们做出的选择总是取决于农业科学知识、生产规范和标准，以及谋生的需要。

　　但我们并没有倾听他们。更糟糕的是，我们侮辱他们、怀疑他们、蔑视他们，还给他们上起了自然教育课。农民的自杀率正在飙升，转行的人数也在激增。

面对多方夹击，农业界的第一反应是坚持自身立场，并深信业界一直在采取行动维护公众利益。但在长时间试图解释行业做法的合理性后，业内人士也开始明白，为行业据理力争、解释行业在保护消费者健康和对规范标准决不妥协，都已变得毫无意义。

更糟的是，对普通公众来说业界的解释专业性太强，反而使本就习惯质疑的消费者更加疑虑重重，越发怀疑个中有黑幕阴谋。当业界谈论效率和绩效，我们却听出"生产主义"；当他们谈及植物保护，表明植物医疗跟人类医疗一样重要，我们就会用"杀虫剂""毒药""农用工业""孟山都"来回应。

那些想要奋不顾身坚持下去的人都明白，除了学会适应，他们别无选择。重新与公众沟通对话，认真倾听公众呼声，主动回应社会关切。重视公众幻想。

迈向智能农机

农民懂得如何适应各种环境。在人类历史发展过程中，农民始终在被迫适应环境。变幻无常的天气，潜藏埋伏的虫害和疫病，肆意浮动的价格，苛刻与挑剔的买家……气候、经济和政治的不安全因素构成了农民生活的日常。

农业界发生了巨大的变化。负责法国近 3/4 粮食供应的合作社，正在逐步开设有机农业生产线和有机谷仓，并为此承受生产规模受限、产出不确定性和生产成本居高不下的生产状况。只因为这才是消费者想要的，合作社别无选择。

互联网农业盛行。人们投入大量资金去支持精准中耕设备、农业机器人、农业专用传感器等设备以取代化学防治，并将农民从繁重的体力劳动中解放出来的现代技术。人工智能设备被称为"决策支持工具"，它们依靠日渐精良的传感器、越发完善的算法和趋于成熟的机器技术，成功抢占了农业领域。为满足以多作物间作套种为基础的生态农业的需求，三行免耕播种机应运而生，新机器使一地同时种植三种农作物成为现实！

利用自然界形成的天然防御机制的生物防治，时下方兴未艾。事实证明，这是资本密集型产业，因为生物防治领域需要掌握尖端技术。如运用无人机向玉米田释放赤眼蜂来控制欧洲玉米螟；为实现以植物之间共生互养为主要手段的生态农业，应用光学传感器对组合种植的不同植物进行分拣整理；还有可避免使用农药的智能除草机器人。

听米卡埃尔·霍施讲述他的工作会让人感觉妙不可言。设备制造商匠心独运，创意无限。而农业领域的初创企业也正开展一系列令人惊叹的创新探索，给人的感觉是，明天的农业必定是高科技的，随着农业迈进 5.0 时代①，农民将成为"农业极客"，通

---

① 农业 1.0 指以人力与畜力为主的传统农业时代；农业 2.0 指隆隆作响的机械化农业时代；农业 3.0 指高速发展的自动化农业时代；农业 4.0 指以无人化为特征的智能农业时代；欧盟委员会于 2021 年提出工业 5.0 概念，农业 5.0 是与之相适的发展概念，以可持续、以人为本和弹性为主要特征。——译者注

过智能手机、触控屏、传感器和摄像头来管理自家农场。农民一直是爱好技术和专业精密机械的群体，已有部分人开始致力于把创新科学技术运用到实际生产中。新农民高学历化已经成为趋势，他们掌握了最先进的科学技术。

在不断寻求创新的过程中，农业界人士广泛关注农业博览会，他们积极参展参会，如在法国卢瓦雷省翁德市举办的农业创新展会，在德龙省瓦朗斯市举办的技术和有机农业展，又或者在德国汉诺威市举办的汉诺威国际农业机械展览会。法国行业人士，尤其是居马①成员，总会毫不犹豫地买下具有嵌入式系统的未来新型机器、具有脱粒自动调节装置的谷物联合收割机、配备了可对农田进行测绘的厘米级精度全球定位系统的新式拖拉机……购置好这些机器，农民就可以根据地块特点（土壤类型、坡度、土壤污染暴露评估、土地营养缺失情况等）对耕种地块进行个性化培育……最终必将实现农业投入品减量化，更有针对性地进行生产，以及实现靶向施药；同时，杂草也能被红外线探测到，甚至在夜间，机器也可以高达 20 千米/小时的作业速度实现厘米级精确定位，轻松割除杂草！拖拉机变得更加智能……谁能想象到今天农村会变得如此智能化？

农作物种植的智能化建设经验也会辐射到畜牧养殖领域。例

---

① 居马属于农业合作性质的经济组织，农民自发组织形成。一般由一些经营农场（最少要有 4 个）组织在一起，共同购买和共同使用农业机械的合作社。这项第二次世界大战后"马歇尔计划"推动产生的居马，为加速法国农业机械化并巩固农业成果做出了巨大贡献。——译者注

如，生猪养殖场的环境管理，各类传感器的应用；给奶牛佩戴智能项圈以监测繁殖周期、临产犊期，以及发出疾病预警等；挤奶机器人将饲养员从忙碌的重活中解放出来，让他有更多时间可以照顾自己的牲畜，不必将体力浪费在手动挤奶的工作上。而奶牛似乎也很享受信息智能化带来的舒适，只要它们想就能随时被按摩、喂食、挤奶。

无人化农业的风险

但所有这些农业机械设备都价格昂贵，机械的制造更需要大量金属材料和技术，而欧洲稀有金属储备不足，也不掌握云计算的服务器，这使欧洲对中国和美国都有较高的依赖性。

每一台机械设备都堪称凝聚工艺技术之精华的瑰宝。与其说这些瑰宝展现的是农机行业的先驱们对进步持积极开放态度所取得的成果，让他们引以为傲，不如说这更是博取高收益的投资——最新一代的挤奶机器人或智能网联拖拉机的价格相当于一栋高档别墅。此类高科技产品的研发需要贷款等融资方式筹集大量资金，还需承担投入产出不匹配的风险，特别是由于前沿知识更新迭代快，机械会迅速过时而被淘汰。而且此类产品通常参数配置复杂，农机手培训练习耗时较长，这使用户高度依赖研发设计人员、售后服务以及热线电话等。同时，农机产品的使用也对农业生产人员提出了更高的要求，费时耗力。

此外，农村还有那么多无信号区域或手机无法接收到移动网络，互联网网速极慢……如果有人认为数字技术可以拯救非洲，那他一定忘了那里绝大多数农民甚至尚未用上电！即使在最先进的国家，联网机器设备也高度依靠卫星通信信号覆盖，而卫星系统仍非常脆弱。一旦发生地磁暴干扰，则可引起系统故障，如果畜牧养殖用自动喂食设备和自动挤奶设备突然停止运行，将会给养殖户带来灾难性后果。

当然，这些机器都是了不起的，它们开启了未来农业的新前景，这样的未来农业回应了城市居民对生物多样性日益丰富的生态系统的渴求，满足了他们减少农药用量、控制农药毒性的农业环境需求，同时帮助农民摆脱繁重体力劳动，避免遭受过去常有的损失。诚然，我们完全有可能设想出完美的农业发展模式，一种清洁，完美生态循环，由智能机器人、机器和传感器远程控制的模式。智能机器由城市办公楼里的工作人员远程操控，并且在大片荒无人烟的平原上耕作；动物被饲养在连人影都看不到的垂直工厂里；甚至通过生物化学技术，在工厂实验室里工业化生产合成肉，尽管合成肉这种超加工食品的营养价值和生态价值仍有待证明。为了养活30年后地球上将有的100亿人口——其中2/3以上将常住城市——农业已经参与到了科技含量越来越高的生产进程中。未来的食品科技将不再含有任何天然成分，也许它的生态自然观会受到质疑。这些想象使我们与现实更需要的真实农业相去甚远……不过，正是为了满足那些渴望没有化肥农药的城市居民，才有了这些设想！

农民的经验与智慧不可或缺

自动化与智能化农业的未来主义愿景早在诸如克里斯托弗·诺兰的《星际穿越》等电影中就有所展望，但这种愿景让人感到担忧。如果农民的投入产出比过低，又或者全然将工作托付给工程师，那么农民就有陷入无力偿还贷款困境的风险，同时也将丢失他无可替代的人类经验与智慧。当机器发生故障，必须有人能够接管。就像我们的生活一样，农业不能完全被电子化。农民的经验与智慧仍然是不可或缺的，而且运用农民的经验与智慧解决广大农村的现实问题也是必要的。放弃评估能力，放弃人类的经验，放弃人类的危机应对管理能力，必定会危及我们的粮食主权和我们的健康。

如果没有农民的经验和智慧，没有他们在面对程序出现逻辑缺陷漏洞时做出判断的能力，没有他们通过职业技能和经验获取的知识，我们将深陷极大的危险。

农民仍然是农业生产的主体。我们永远需要有经验的专业人士，因为他们的工作不仅是为我们提供尽可能高效、便宜、优质的食物，更是为了让土地更加充满生机活力，让景观更具人情味，体现人性化关怀，而不是把人类的沙漠交给机器打理，让农村空无一人。

农村是适合生活的地方，那里的家家户户打造了美丽的乡村特色景观，农村邻里关系和睦紧密。而农民是最优秀的调解员，巧妙化解了城市人与自然的隔阂，在这里与自然重新联结绝对会让人身心放松、心旷神怡。正是为了回应这样的需求，"欢迎来到农家乐""乡村俱乐部网络联盟"这样的活动应运而生，并且受到越来越多人的喜爱。

所以，我们不该让牧羊人沮丧气馁，把农村让给凶残杀戮羔羊的恶狼，或让给肆意袭击路人、破坏蜂巢的野熊。我们不是身处北美大陆的辽阔荒野，并不会极力颂扬崇尚"荒野"①，将原住民印第安人驱逐出他们的家园再建立国家公园。我们在欧洲，在极富人情味的、被驯化的、安详宁静的大自然里，外在看起来是这么美好，内在也应该保持生态宜居。

但是，除了农民，还有谁在塑造自然呢？

因此，必须采取一切有效措施让农民愿意留在农村地区，努力保障农村地区电力供应，改善农村居民的医疗卫生服务、教育和交通发展现状。

灌溉是农业发展必不可少的条件

干旱灾害会对农业生产带来伤害，它几乎每年都会发生在世

---

① 美国现代史上的一个重要概念。自新大陆殖民以来，来自欧洲的白人对北美大陆广袤荒野的认识和态度经历了两次重大转变：一次是19世纪末20世纪初由恐惧和敌视逐渐转为欣赏和珍爱，另一次是20世纪中叶由承认荒野的审美和精神价值的浅表认识到基于生态思想对荒野多元价值的生态学认知的深刻转变。相应地，美国人由征服荒野转向通过建立国家公园，甚至为荒野立法等来保护荒野。——译者注

界上所有地区。2019 年夏天，法国异常干燥，由于畜牧饲料短
缺，所有养殖户都在拿原本要用于过冬的饲料草喂养牲畜，畜牧
业生产遭受较大损失。近年来，全球各地灾难明显增多。气候变
化加剧了干旱的强度，也导致暴风雨、飓风和局地突发强降雨等
极端天气更加频繁。不规律降雨和高温热浪频发之下，任何国家
都无法再依靠雨养农业来维持生计和保障粮食安全。

灌溉就是超前预判，未雨绸缪。在人类历史上，灌溉一直是
确保文明繁盛的关键性因素。今天有研究人员认为，早在殖民者
到达南美洲之前玛雅文明就已经消失，并推测玛雅人此前经历了
长达多个世纪的极端干旱，这严重破坏了他们精细完善的农业系
统和社会结构。

绿色革命是灌溉革命。1950 年，全世界灌溉土地面积为 5500
万公顷，而今天则为 2.8 亿公顷，这一灌溉土地面积虽然仅占可
耕地面积的 18%，却提供了 40% 的粮食生产。对园艺业、蔬菜种
植业和果园业，为保证农产品能够达到符合消费者期望的优良品
质，保证充足稳定的供水是必要条件。但现在，即使在气候潮湿
的地区，如爱尔兰岛和布列塔尼，也不得不提前做好夏季可能出
现长时间干旱风险的防范应对工作。

降水量并未下降，但降水结构出现了变化：在农业需水量不
大的冬季降雨充沛，在农作物、牧草需水量大的生长期却降雨量
不足。农民意识到了这一点，并采取了规避对策——推迟播种，
选择对病虫害更有抵抗力的品种。缺水，但我们又无法制造水。
所以，必须储蓄雨水，防止地下水资源枯竭，并对灌溉系统进行

精心设计，以优化用水管理，确保每一滴水都得到合理利用。

许多国家对农田灌溉渠道系统维护与管理不足，从而持续浪费大量水资源，造成了重大损失。如果水资源使用者不需要付费即可使用，那么他就会更加确信水资源可长期无偿占有且取之不尽。而事实上，这却是大量财政补贴在背后支撑，就像使用水泵电机也能得到用电补贴。

但在发达国家，节水灌溉已有了显著的发展——农田灌溉采用大水漫灌的日子已经一去不复返了！在水资源使用者之间协商解决用水矛盾，使用较过去更精准、技术参数更优化的高效节能农田灌溉工具，以及深入了解植物生长需求等举措，使得同等作物产量的需水量减少了一半。

储存水资源

建立水资源储备体系必不可少，但修建水坝变得越来越复杂。世界各地民众积极活动，聚集抗议，除了反对建造巨型大坝，还寻求与当局谈判。就拿印度和巴西来说，政府需与当地民众协商，在修建水坝时最大限度减少公共用地的占用，提前规划补偿和安置问题。毫无疑问，这些限制条件是有必要的，但是这也极大增加了修建成本，同时使社会公众对大坝的认可成为建造决策的前提条件，未来所有新项目都必须对环境和社会影响加以评估论证。

然而，大坝地区有着文物古迹、不该改变景观格局的观点占据社会舆论主导地位，公众对此深信不疑、态度坚决。公众坚决主张这些观点，不顾地理环境会造成的现实危害，为经济社会发展取得新成就增添困难。甚至建造中小型水库都会引发公众的愤慨，比如阿基坦大区塔恩河支流特斯库流域的希文斯水库，抑或洛特-加龙省的科萨德水库。修建军事防线同样会引发全民愤怒。公众总是选择性遗忘。昔日，法国为建造如圣克鲁瓦水库、沃格兰湖水库、萨拉够湖水库和塞雷庞松湖等大型水库淹没了成片山谷。现在我们称为"香槟海洋"的德尔湖，就是在 1910 年巴黎特大洪水之后，为使塞纳河畔的巴黎免遭洪水侵害而设计建造的。还有 2016 年和 2018 年的洪水泛滥，使法国人民对洪水的频繁发生更加忧心忡忡。如今，所有这些枢纽工程水库区都成了深受游客、垂钓爱好者和运动爱好者青睐的魅力景区……甚至被列为动植物生态利益自然保护区（ZNIEFF）。但往后，再想实现这些目标却势比登天了。

是的，选择性遗忘正积极地发挥作用。昔日，人们知道要抵御毁灭性洪涝灾害，迪朗斯河和卢瓦尔河流域的洪水多发曾经令人恐惧不已。在干旱地区兴建灌溉工程是极易实现的，如罗讷河下游国立水利工程建设开发公司建造的朗格多克工程，普罗旺斯运河建设公司打造的普罗旺斯工程……人类曾经可以在世界各地建造伟大工程，有的是法老式工程，例如在埃及，几乎全国人口都聚集在约占领土面积 6% 的尼罗河两岸地区，阿斯旺大坝拯救了这些居民；还有被称为"法国苏伊士"的栋泽尔-蒙德拉贡运河和水坝工程，以及与之同一时期建造的法国罗讷河流域综合开发和治理工程，兴建该工程目的有三——控制河流洪水泛滥、蓄水发电、灌溉罗讷河谷以种植作物和蔬果。但今后只有部分国家才能为了取得此般辉煌成就而大规模疏散人口，就像中国的三峡大坝，埃塞俄比亚的尼罗河流域复兴大坝（影响流域沿岸 11 个国家，从苏丹直至埃及），抑或土耳其在幼发拉底河上修筑的大型水坝工程（损害了下游国家叙利亚和伊拉克的利益）。

今天，在民主国家任何项目都会遭到强烈的公众反对。即使只建一个被农民称为"小池塘"的小水库，微小型蓄水设施，例如一个丘陵型水库，也会有人成立团体、组织联盟，动员民众游行示威。然而，水库一旦建成，总是利大于弊，因为水库可以吸引更多动物从而使当地获得丰富的生物多样性，同时也可为当地居民提供一个休闲娱乐的好去处，打造景区胜地。而且，政府还会很快把水库规划为自然保护区！

没有人记得过往。素有"绿色小威尼斯"美誉的普瓦特万沼泽，东贝，卡马尔格……风景最迷人的景区往往也是人类对自然资源开发利用的丰硕成果。然而，现在人们对生态系统存在一种固化认知，而且普遍认为这种观念无须改变，尽管在人类的干预、气候的变化、新物种的到来等因素的作用下，生态系统在不断演变。农民被困在这种固化的认知中。更糟糕的是，我们以弥补大自然损失以及与自然和解等为名，开始拆除水坝和河堤。过去人们花了几千年时间与水患作斗争，如今我们却让海水回到填海区，让这些区域再次成为汪洋。

如果没有智能灌溉系统的淡水，如果不合理利用降水资源，如果不让降水汇聚到河流再流向大海，未来地球将无法再养活全球人口，人类也将无法找到农药化肥和化石能源的替代品。因为植物是生态转型的希望，许多植物体内存在潜在可再生燃料资源。

法国希望确立其全球生物基产品①领先者的地位。阿哈瓦里斯植物研究所与相关企业机构等多方合作，通过发展竞争力集群②在全国范围内形成合力，以期推动农业高质量发展。西南农业创新集群，大东部基于生物经济的农业食品工业集群，在奥克西塔尼大区的地中海优质农业集群，西部的维吉玻利斯植物集群，勃艮第大区的维塔戈拉食品科技集群……所有这些自然价值③为人类的生存发展提供如此之多的滋养，农业和农业食品从来不曾停滞不前，这为如此依恋土地、重视遗产、注重产品品质的法国

---

①　主要指除粮食以外的秸秆等木质纤维素类农林原料。以其为原料生产环境友好的化工产品和绿色能源是人类实现可持续发展的必由之路。生物基产品及绿色能源问题已经成为世界科技领域的前沿。——译者注

②　在特定的地理范围内，一些企业、公司或私营研究机构以合作伙伴的形式联合起来，相互协同，共同开发以创新为特点的项目。这种合作一般以共同的市场或科技研究领域为基础，寻求提高竞争力所必需的最大范围的优势互补，以期在国际上产生一定影响力。其具体的实施途径是，选择有潜在竞争力和培育前景的地区，围绕创新项目，帮助企业、培训中心和研究机构建立合作关系。"竞争力集群"由多个层次组成，既包括实力雄厚的跨国企业，也有中小创新型企业、大学和科研机构，各合作伙伴组成常务理事会，负责园区的管理工作，并代为向政府申请资金、统一调配资金的使用。——译者注

③　在生态伦理学中，所谓自然价值，一方面是指自然物对人的有用性，可将此称为自然的使用价值或外在价值；另一方面是指自然界或生态系统的自给自足，即自然物之间彼此联结、相互利用而产生的动态平衡效应，可将此称为自然自身的价值或自然的内在价值，它强调的是价值的客观性、人的尺度的非绝对性和非唯一性。——译者注

开辟了农业和生态发展的新境界。

法国国宝——玉米

　　玉米是法国国民经济的支柱产业之一，法国是欧洲最大的玉米生产国。那些主张用需水量更小的高粱来替代玉米的人，并未考虑到玉米在生态、经济效益和营养方面的价值，而在这些方面，高粱是远不能与玉米相提并论的。

　　玉米具有功能多样、适应性强、产量高等特点，平均亩产量高达 10 吨，合理灌溉能增产至每亩 20 吨。玉米从降水和灌溉水中每吸收 1 升水，就能产生单位体积极大的生物量，成本收益率极高。玉米用途极为广泛，可供直接食用，作为工业原料进行加工，又能应用于绿色化学、石油化工等方面！过去玛雅人将玉米奉为神物，如今玉米已经成为世界上总产量最高的粮食作物，不仅在其发源地美洲广泛种植，还传播至亚洲、非洲等多地种植。玉米这种作物的产量高得令人难以置信，又富含淀粉和脂肪，既可作为化石燃料重要替代品，满足可持续发展的需求，又可养活大量人口。

　　玉米在农产食品加工、涂料、建筑、制药、化工、化妆品和卫生等行业中无处不在，同时它也是促进集约化生态农业发展的重要植物。全球玉米总产量几乎等同于小麦和水稻全球产量的总和，而这一作物在全球的种植范围仍然在不断扩大，这绝非巧合。在电影《星际穿越》中克里斯托弗·诺兰呈现出一个令人无法喘息的末世场景：沙尘暴肆虐，干旱侵袭，玉米是唯一得以存活的作物。

一片片辽阔的玉米田里，长势旺盛的玉米植株筑成一道道名副其实的植物墙，形成了保护生物多样性的合围环境，玉米秆下杂草丛生，为各种各样的昆虫创造阴凉，茂密生长的杂草甚至可以起到保湿降温的作用，这样的生态平衡可使玉米在极少打药施肥的状况下茁壮成长，并达到丰产的目的。但玉米田是不可能着火的！当夏天气候干旱、树脂丰富的植物容易着火时，玉米田可以作为防火屏障。

在法国，给定的轮作期内，用于特定作物的耕地面积中，灌溉面积只占 1/4，而且均属玉米灌溉。然而，对于仅依靠雨水而非灌溉的农民来说，采用中心支轴旋转式喷灌设备的行为是一种挑衅，尽管采用喷灌设备会让品种优良的玉米长势更佳。但是，在夏季干旱期变得越来越长的情况下，我们又怎么能眼睁睁看着春秋季的雨水白白流回海里呢？难道不该留存一部分供夏季使用，以确保牲畜有优质饲料不至饿死，让灰鹤和所有生活在玉米田和蓄水池里的动物有水喝不至渴死吗？

种植玉米在养护人类的同时既节约了土地资源，又捕获了大量温室气体。2015 年在巴黎召开的《联合国气候变化框架公约》第 21 次缔约方大会上，法国发起"千分之四"国际倡议，而仅玉米这一种作物，就为此计划的成功作出重大贡献。根据政府间气候变化专门委员会提供的数据，在玉米田表层 30—40 厘米的土壤中，碳储量的年增长率为 0.4%，即每年 4‰，这将大大降低与人类活动有关的大气中二氧化碳浓度。由于具有良好的碳捕获能力，玉米（属于 C4 植物①）完全符合可持续发展的要求。

积极应对气候变化

当然，一片草场、一处葡萄园、一片受到良好管护的年轻森林、一座果园，也都是重要的生态农业基础设施。为应对气候变化，农业提出了高明且可持续的应对方案。但实现的前提是，以专业的态度，抛弃先入为主的成见，不再基于毫无根据的假设给农民上自然教育课，例如不顾法国是世界上灌溉农业最不发达的国家之一的事实，而对灌溉持排斥态度。在法国，只有不到3%的降水被利用！同时，法国却有着专业的灌溉技术，19世纪中叶拿破仑三世时期建起的一批历史悠久的水资源管理企业，享誉世界的覆盖法国全国的六大水资源管理局（过去被称为"流域机构"），各大灌溉者工会，还有1992年设立的子流域水资源开发与管理计划（SAGE）……

今天，法国设立国家水资源管理区域项目（PTGE）以统一规划和管理水资源，集合不同用水户参与水资源管理，并积极应对

① 碳四植物，常写作C4植物，是生长过程中从空气中吸收二氧化碳首先合成苹果酸或天门冬氨酸等含四个碳原子化合物的植物，如玉米、甘蔗等。而小麦、水稻等作物先合成磷酸甘油酯等三碳原子分子，为C3植物。C4植物较之C3植物具有生长能力强、二氧化碳利用率高、需水量少等许多优点。——译者注

气候变化。实际上，更重要的是要意识到，尽管地球水资源不会变得稀缺，总量将会维持不变，但水资源供应会变得更加不稳定。目前降水最多的区域未来将会经历严重的夏季干旱。加大水资源储量就是积极应对、防患未然的方式。正在消退的山地冰川①在人类历史上经历了多次剧烈变化，但这不过是些冰冻的淡水资源。在小冰河时代，冰海冰川②延伸到了里昂，并且吓坏了阿尔卑斯山的居民。但从 19 世纪初开始，早在工业革命开始之前，它就一直在不断消融。

必须严格管理，实现科学合理高效用水，而且现在就必须马上行动，着手投资相关项目。农民才是应对气候变化的主力军——他们种植草场，抵抗径流，净化土壤；他们维护沟渠，清淤排水，避免突发降雨造成更大损害；他们种植树木，涵养水源，防止土壤侵蚀。最关键的是，他们生产更安全、更健康、更丰富多样的食物。

农民不是为了浪费水资源才灌溉，而是为了养活我们才灌溉。但随着机器、人工、时间、电力和水费等成本越来越高，大规模补贴时代结束，他们为此付出的代价也越来越高……

---

①　又称山岳冰川，是地表长期存在并能自行运动的天然冰体，由大气固体降水经多年积累而成，是地表重要的淡水资源。——译者注

②　阿尔卑斯山脉的第二大冰川，在 1930 年海拔达 1250 米。长约 7 千米，深 200 米，是法国最长的冰川，也是世界上最受欢迎的自然景点之一。17 世纪初，冰海冰川前移到沙莫尼山谷底部，摧毁或掩埋了耕地和住房。此后，冰海冰川不时前移和后退。冰海冰川每年厚度会下降 4—6 米，长度每年缩短 30 米左右，在这里最能感受到全球变暖的温室效应。——译者注

农民，究竟是神职还是最美职业？

做农民是不可即兴发挥的。农民这份职业，必须面面俱到，要懂农学和气象学，同时做到统筹兼顾、全面安排，还必须具备很强的营销及沟通能力，更要学会"厚脸皮"经得起批评，哪怕提出批评的人完全不了解农民在职业中受到的限制。称职好农民犹如一把多功能瑞士军刀，既掌握专业技能，也了解土壤适应性的农学知识，熟悉所种植物的生长需求，保持中立态度执行动物福利管理。农民还必须了解规范准则和市场信息，才能维护产品生命力，提高产品价值。农场的专业经营一旦违反了日益严厉的监管政策，就将面临处罚性关停和行政重罚。

来体验乡村俱乐部或农家乐的城市消费者们热切渴望了解农村、走进农村。向他们解释农民的职业、行业限制，以及面临的风险，往往有助于阐明那些对城市居民来说含混不清的领域。农场要经营运转，如果我们在旁教育农民，那纯粹是浪费时间！

如果一个农民的创业精神可以永不磨灭，甚至带着他走向世界，那我们就决不能增加农民负担，包括税收负担，监管政策，行业标准，无止境的管控，自相矛盾的禁令，邻居的监视抱怨，设备、庄稼或牲畜遭到盗窃，各类恶意行为……还有不计报酬的加班加点。

从事农业劳动应该给人带来幸福，农民是世上最美职业，而不是无私奉献的神职！

第 10 章

永续农业和生态农业，是回到过去还是面向未来？

未来的农业形态会是怎样？或者更确切地说，未来有哪些农业模式？前文我们已经论述了提升农业竞争力对于养活全球人口的必要性，以及备受特权阶层青睐的有机农业的局限性。我们越来越多地期待农民能够成为塑造景观的园艺师，但若只将其职能弱化至园艺养护管理，那就是忘记了农业工作的使命首先是养活人类。

我们必须时刻注意全球粮食分工的格局问题。在全球粮食出口仅以 10 个国家为主的情况下，适合某一地域的农业范式未必适宜全面推广。当然，这 10 个国家的出口总量只占全球产量的 15%，可一旦这些国家限制或禁止粮食出口，近 80 个国家将处于经济和政治崩溃的边缘！当这些重要粮食出口国同时作物歉收，根据著名的金氏定律——"无论围绕粮食发生的变化多么细微，也将对价格产生放大影响"，世界粮食价格必然急剧上涨，2007—2008 年的"粮食骚乱"正是由此引发。因粮食问题引起的社会动荡提醒我们，粮食的价格稳定和供应充裕对世界具有重要意义。

进行农业种植，就要对作物品种进行选择，选对品种才能带来经济效益。真正热爱自然的人打造出的枝繁叶茂、景致宜人的小菜园所产生的生产价值，不一定能与合理化甚至标准化生产带来的生产价值相比拟，因为大型零售商、农业食品制造商和进口商对商品规格的要求是冷酷无情的。但更重要的是我们不该把这两种农业模式割裂对立，而是应该把它们联系起来。在这个人人喜欢影视剧的世界里，我们把传统农业理想化，创建儿童专属的迷你农场、牛轧糖熬制、农场采摘、乡村俱乐部等体验项目，所有这些让人享受美好的亲子家庭时光，把干农活当作戏剧出演，但真实的传统农业在现实中不复存在……如果认为这样的农业足以满足人类粮食需求，那就大错特错了。法国依赖的精英农业，在未来很可能会付出高昂代价，此时法国已在慢慢交出粮食主权。一个国家的粮食体系不该陷入粮价波动、产量不稳、食品质量安全得不到保障的境地。

然而，目前欧洲趋向于忽视全球粮食安全领域存在的巨大挑战，以及低估维护地区粮食主权的必要性。我们想让农民从今往后变得对自然逆来顺受、唯命是从。自2006年起，法国规定了农村土地租赁新形式——"环境租赁"，这意味着《农村与海洋渔业法》承认农业活动也属于生态环境系统，需要提供生态系统服务。农民应该从中获得相应的劳动报酬，但实际情况往往并非如此，而且环境服务也不应凌驾于粮食生产活动之上。葡萄园和果园里的杂草可以保护土壤不受侵蚀，捣碎杂草后的碎草渣可以提升土壤肥力，提高土壤的有机质含量，改善土壤结构，增加土壤中矿物质含量，提升固碳能力……但它也可以为大量害虫提供庇护，并与植株或幼苗争夺养分。注意，任何事都不要走极端，否则就将对农民的工作造成不利影响！

对重返大地①的赞美讴歌

新型职业农民非常重视发掘利用传统农业知识，尽管这些传统知识往往是理想化的。至少在最初的几年里，他们很乐意干体力活，通常是带着新皈依者的狂热不计工时地干这些吃力不讨好甚至极其艰苦的工作。如果他们不向想要寻找生活方式转变或者暂时远离城市喧嚣的城里人售卖价格昂贵的进修培训班，就得找来愿意免费劳动的志愿者分担工作。所谓 Woofing②，就是邀请欧

---

①　这种现象源于一场人群由城市向乡村的迁移活动，它起源于美国，传播到欧洲，并影响了世界。在美国被称为"重返大地运动"（Back to the land movement)，指返土归田。法国的"重返大地"运动迄今已有 50 余年的历史，在不同时期社会背景的影响下呈现出不同的思想逻辑和发展形态。——译者注

②　一种文化、教育和非金钱体验，鼓励建立在信任和尊重基础上的伙伴关系。世界有机农场机会组织（World Wide Opportunities On Organic Farms，WWOOF）是一项全球性运动，旨在将游客与有机农场主联系起来，促进文化和教育交流，并建立一个具有生态农业和可持续性世间意识的全球社区。WWOOF 最初于 1971 年在英国成立，当时的用意是让都市人体验农村生活而推出一种"以工换食宿"的工作假期，其创始人为苏·科帕德。刚开始她组织了几个自愿工作者到 Emerson College 的实习农场待了一个周末，大家通过劳动学到了许多实用的农业知识，同时因为有机农场是劳动相对密集的地方，自愿者的参与在一定程度上缓解了劳动力的缺乏，因而农场主愿意为他们提供食宿来回报他们的劳动。很快，有更多人参与进来，逐渐演变成了一种新的，以环保、体验为基本特征的旅游方式。自 20 世纪 70 年代开始，在发达国家轰轰烈烈进行的有机食物运动也直接促进了 WWOOF 的快速发展。越来越多的旅游者把 WWOOF 的概念推广到世界各地。——译者注

洲年轻人到有机农场里生活工作，或参与在世界有机农场机会组织登记注册的其他农业所提供的培训课程。无论是生态农业、永续农业、再生农业①，抑或其他农业界的术语，以此类方式创建的农场都会让人瞬间兴奋不已，因为它们推动的方案能够替代饱受诟病的生产主义农业。很多农场都援引古代或国外思想家的观点，将他们的理论原则引进运用到农场经营中。这些农场主要探寻永续农业的发展路径，极少尝试发展生态农业，因为生态农业与被谴责为生产主义的现代农业是彻底决裂的。

现实总是比理论更加纷繁复杂的。

倡导重返大地的"预言家"们赞颂大自然，极力抨击现代农业，认定科技进步带来负面效应，又是否考虑到由此带来的实际后果呢？

在世界各地，城市的社会指标总是比农村好，例如在教育资源和公共服务的可及性方面。在城市地区，生育率和婴儿死亡率也相对更低。当然，许多城市居民渴望与乡村重新联结，希望找到一条新路通往真实的生活、本真的食物、乡土以及失去已久的乡土文化根脉。但现代社会曾经为了不再挨饿而把握住难得的机

---

① 再生农业是在有机农业思想的基础上进一步发展形成的，是利用自然界存在的某种自我疗愈和恢复力，使农业自然资源不断再生利用，以保护土地、作物和人类环境的健康发展。小罗代尔在1972年创建拥有305英亩土地的罗代尔再生农业研究中心，研究方向是降低投入，使土壤肥力自然恢复，保护环境和生产卫生并高产的食物，以产生重大国际影响。这种生产形式具有高度的内在经济和生物稳定性，对农场或耕地以外的环境影响最小，甚至无影响。不使用农药和其他农用化学品，力图在最少依赖不可更新资源的转化过程中，为日益增长的大量人口提供食物。——译者注

遇窗口，把人们从日复一日的艰辛劳动中解放出来。昔日世界是
贫农的世界。当我们能够生产充足的粮食为第二、第三产业经济
提供基础和支撑，开始制造汽车、火车、飞机，创造财富，扩展
知识范围时，就打破了世界旧有的闭塞状态，也让越来越多的人
从繁重的体力劳动中解脱出来，得以迈进中产阶层，从而开启发
展进程。也就是说，生产力的发展使人类获得了选择自己命运的
可能性。最初形成的城市是人类存放粮食的重要场所，也是人类
社会进步的标志。城市性既指城市土地，也指用礼貌温和的态度
与他人进行交易的能力。

推崇小型农村社区，依靠自产自销回归半自给自足状态，是
存在危险性的。这种观念忽略了一点，除了那些深信文明世界时
刻会崩溃而总是做好准备的激进的生存主义①者之外，寻找新世

①　"生存主义" 这个词最初是由法国哲学家马塞尔在第一次世界大战
末提出的，彼时生存主义在欧洲大陆成为一个主要的哲学运动。生存主义
强调在任何情况下最大化个人或群体的生存概率，持这种论调的人被称为
生存主义者。在外人看来，生存主义者的思维方式和行为很像杀人亡命的
逃犯或迫害妄想症患者，但实际上两者有很大不同。生存主义者通常心地
善良、家世清白。生存主义者所设想的灾害和胁迫，比如核战争、地震和
海啸，其实都是客观存在的，虽然发生的概率很低。生存主义者不相信也
决不依赖任何个人或组织，但也不会妨害他人。为了提高个人或群体在发
生灾难时的生存概率，生存主义者通常会牺牲本人日常生活的质量和办事
效率，而不会影响其他个人或群体的日常生活以及发生灾难时的生存概率，
所以生存主义者对社会是无害的。不过，由于生存主义者通常学识渊博、
体格健壮、意志坚定，某些人会认为这是一种不容易控制的力量而反感。
在现代，由于科学技术的发达，大量野外生存器械小型化、普及化，生存
主义变得更加容易操作，对日常生活质量的影响也更小了。通常生存主义
者会在住处精心准备可以供家人独立生存的设施，视出行地点携带一定规
模的求生装备、适量的食物。——译者注

界的青年人和有足够时间甚至金钱的退休人员会不计后果地投入到业余农场①，但是需要通过购买食物来弥补令人失望的收成。没有人愿意放弃现代生活的便利，放弃反季节却种类繁多的世界各地美食，就像我们无法放弃对于我们来说习以为常，但对一部分人类群体却梦寐以求的其他事物，如电、水、交通设施、计算机和移动互联网可快速获取的信息。

不是每个人都能，也不是每个人都想，像阿米什人②或苦行僧一样生活！社会需要能源专家和工程师，需要工业、矿场、采石场，需要接受了扎实的职业技能培训（而不是在学校罢课）的科研人员、医生、计算机专家，不仅需要他们工作来使世界运转，还需要他们预测和应对正在发生的变化。只有这样，那些想要摆脱现代科技的枷锁，选择回归自然生活的人才不会过得很悲惨！如果患病，医生会采用最先进的诊疗技术为他们治疗；如果需要指导教程来发展永续农业，互联网会为他们提供所有必要信息；如果自己种的沙拉菜被小蛞蝓偷吃，或者厌倦了总是吃同样的食物，超市会是他们坚实的后盾。或者，生产全球领先的蛞蝓防治

---

① 所有者为了娱乐而非商业投资开办的小规模农场。业余农场的所有者通常都有主要的收入来源，比如一份非农工作或退休收入。关键是开办农场只是出于一种业余爱好，并不一定要赚钱。如果某一季的收成不好，会被认为令人失望而不是经济损失。——译者注

② 美国和加拿大安大略省的一群基督新教再洗礼派门诺会信徒，以拒绝汽车及电力等现代设施，过着简朴的生活而闻名。阿米什是德裔瑞士移民后裔组成的传统、严密的宗教组织，过着与世隔绝的生活。他们不从军，不接受社会福利或任何形式的政府帮助，许多人也不购买保险。——译者注

产品的洛特-加龙省的戴商高士公司可提供最有效的产品，包括有
机产品。谁又知道，如果没有农化产品来防治蛞蝓，那就必须先
翻耕，接着灭茬除虫卵，然后再搅拌压实土壤，减少土壤间的缝
隙？这会带来如此多的步骤，如此多的机器，如此多的工作，如此
多的燃料，以及如此多排放到大气中的二氧化碳。还有，在提倡简
化耕作——免耕的今天，这片土地竟然遭受了如此高强度的耕作！

理想化的乡村生活

　　一种矛盾的现象是，城市居民对耕种土地了解得越少，他们
就越愿意投入其中。但也许正是因为了解得少，他们才会投入。
探险，对于南方的穷人来说是跨过大洋到达彼岸投奔西方黄金国，
但对于北方的中产阶级来说却是走出城市重新成为农民。耕种土
地已经成为重新找回真实生活的代名词。

　　如此，在专业农民与想要重返大地、成为新园丁或新农人的
青年人之间必然存在巨大的鸿沟，分歧不仅体现在社会学层面，
也体现在农业技术层面。专业农民是接受过严格培训的农业从业
者，而所谓"回归"乡村的青年人，实际上并不是"回归"，因为
他们当中大多数人并不是农民子弟，也没有任何农村背景，当他们
决定从事农业活动时通常会致力于高附加值的利基产品，如用于制
作香水的芳香植物、古老品种的水果和蔬菜、农家干酪……

　　这些都是很好的项目，既可以满足乡村旅游的需求，还能助
推乡村振兴，使遭遇空心化的农村地区完善公共服务体系，提升

服务水平和档次。但是无论这些为一方乡土作出贡献的项目多么受到人们的推崇爱戴，或者多么备受国人追捧，它们都不该成为教条。养活世界人口需要的是多样化的农业发展模式，而不是那些拒绝理解主流概念甚至进行抹黑诋毁的激进言论。

仔细了解这些年轻农民的出身背景是很有趣的：他们有更高学历，其中有 1/3 的人没有农业家庭背景（家中无人从事过农业），1/3 选择做有机农业，另外 1/3 计划打造多元化农业。另外，1/6 为女性。他们都在法国知名农业学校接受过教育，如图卢兹的普尔潘高等农业学校、里昂的罗讷-阿尔卑斯高等农业与食品加工技术学院、昂热高等农学院、法国农会[1]举办的"农家居所"[2] 以及各类大学教程，这样的教育经历为他们打下了扎实的职业基础。

这些未来的农民正在塑造农业新面貌，而他们的父母一代正步入法定退休年龄（法国一半的农民年龄在 50 岁以上）。与那些经历过法国农业高速发展阶段的父母不同的是，如今许多农民家

---

[1] 成立于1924年，是一个农业职业性机构。法国农会在全国共设有116个分支机构，其性质和法国工商会及法国行会一样，都是公共的职业联合机构。法国每个农民都是法国农会的成员，法国农会是法国农民和农业界的利益代表，在法国政府及欧盟制定各项有关农业政策时提出各自的立场，在经济结构、规划、教育及研究、领土管理、卫生及社会事务方面做出适当的干预。此外，法国农会也会为农民提供各项服务，包括提供经济研究和前景分析，研究开发和试验，帮助农民与外界联系，开展培训等。——译者注

[2] 一项由法国农业部、教育部、卫生部和青年体育部授权法国农会承办的农村职业培训项目。——译者注

庭不得不在外从事一份薪资稳定的工作以维持生计，通常是家中的妻子外出务工。今天，有1/4的农业企业家是女性。有些女性是在丧偶后勇敢地选择接手农场，重新恢复运营，还有一些则是白手起家创立自己的企业，亲自负责财务工作，操作农业机械，管理畜禽……还要兼顾承担家庭责任。女农民鲜少被外界关注，但她们极具创新能力和团队协作精神，在全球无处不在。

　　新型职业农民能通过种地发家致富，过上比父母更好的生活吗？如今，半数农场无法找到接手的买家，土地和建安成本越来越高。许多地区需要兴建新的有机农场、"短链"流通模式的农场、多元经营农场等新型农场，但由于不再被界定为农业，这些设施无法获得扶持补贴，尤其是欧盟的项目补助。在正式通过的最新共同农业政策规定中，许多市镇不再享有恶劣自然条件地区的特殊补贴（ICHN）——该补贴旨在保障条件不利地区的农业发展。未来农业会变成什么模样？

永续农业之梦

　　永续农业是圣杯的最新化身，数不清的人愿意投身其中！这种主张对生命进行精细化智慧管理的新兴农业模式，致力于发展植物组合套种间作、循环经济、自然循环、共生互养……打造出密集型迷你菜园，使园子的艺术魅力发挥到极致。项目越完善，园子的生产力通常会越高，因为永续农业往往会有更多的劳动力投入，同时也有非常合理的套种间作农业技术，精耕细作，且通过重新引入动物对病虫害进行有机防治，例如利用鸭子来灭杀常见的生物侵略者，包括蚜虫、蛞蝓、臭虫、马铃薯甲虫等。

实际上，这些创新项目实践的农业与 20 世纪 60 年代绿色革命的农业密集程度相当，但两者的生产要素并不相同——尤其是现在的创新项目禁止施用化肥农药，而绿色革命时代的农民则依赖化肥农药来减轻劳作负担，增加粮食总产量。现在的创新项目得以免于施用化肥农药，完全依靠大量的时间和人力投入，这种工作适合热爱劳动、勤于动手、可以不问报酬不计得失的人，通常是志愿者，或是获得有限工资的实习生。

因此，永续农业的建设者通常会招募爱心志愿者，让他们帮忙种植树篱、放牧牲畜和采摘庄稼。这些建设者极具感召力，往往能吸收很多热情的志愿者加入，同时也能说服投资人，打动赞助商，筹措充足资金来确保项目在亏损时还能继续推进，即使在连年歉收的情况下也能应对。永续农业的新实践者通常在转行前积累了足够的启动资金，可以全身心投入所热爱的事业，抑或获得了外部资金支持，如一些旨在通过真正创造价值的生产经营活动将其理念转化为具体实践的专项基金发放的补助资金，或一些寻找优质资产进行洗绿①的生产商或零售商的投资资金。

---

① 打着环保旗号牟利的"洗绿"，也称"漂绿"。1986 年，针对酒店鼓励住客重复使用毛巾并称这种做法是在拯救地球的现象，美国环保人士杰伊·韦斯特费尔德创造了 greenwash。他认为酒店在废弃物回收等更重要的环保问题上并未积极行动，反复利用毛巾不过是以环保之名行牟利之实。无论洗绿者牟取的是政治前途还是商业利润，都没有为环保作出真正的贡献，甚至造成二次污染与资源浪费。——译者注

媒体聚焦下的农业种植新模式

当媒体受邀参访项目，考察成功的运行实践时，他们对品相绝佳的西红柿大为赞叹，由于果实成熟之前通常不会组织参观，此时挂满饱满鲜红西红柿的藤蔓已被压弯了腰。当然，种植西红柿的过程是完全不用杀虫剂的，有时甚至可以不灌水。新闻媒体也因此愿意为这种替代农业①模式进行免费宣传。全盘否定传统农业的替代农业，现在成了养活世界的"指定"解决方案。传统农业被刻板地批判为密集型、生产主义、单一种植，机械耕作和化学防治病虫害既使环境过度人工化，又导致生物多样性丧失，最终对土壤造成严重危害。在新闻采访中，记者往往不了解农场真实情况，在采访现代农民前就形成了先入为主的观念，这就使

---

① 又称更迭农业，是努力克服现代常规农业弱点和问题的农业体系的统称，是 20 世纪 70 年代中期后在高度发达的科学技术基础上重新审视人与自然关系的结果。替代农业以系统观及整体论为依据，强调自然界的内在联系，认为只要遵循生态学规律，即可提高系统的自我调节能力，发挥系统整体功能，实现生态平衡。其形式多样，名称不一，包括有机农业、生物农业、生态农业等，定义也因人而异，但目的都是保护生态环境，合理利用自然资源，实现农业生态系统生产力的持久发展，只是侧重点各异。主要内容是反对大量使用农用化学品，并具有较广泛的目标，包括减少对大工业经济的依赖，农场分散化并自给，保护环境，通过保护有限的资源和保持土壤肥力，使农业持久发展，生产出无公害食物。但由于这类农业本身仍不可能解决常规农业所面临的全部生态经济和环境问题，以致在西方农业中的发展一直十分迟缓。——译者注

得舆论批判的声音越来越大。越来越多新闻媒体热衷于在农业概念宣传方面与社交媒体展开较量，失去了新闻报道应有的中立性和客观性。

替代农业谱写出壮丽事业，确实值得钦佩——它具备多重优势，让农村土地释放新活力，使裸露土壤披上新绿，恢复田间生物群落，保护生物多样性。然而，替代农业模式仅在小范围内可行。它不能被当作灵丹妙药，因为替代农业的使命不是养活世界，而是让当地小社区吃饱喝足，能做到这一点就已经算表现卓越。越来越多的巨型城市在世界各地涌现，人口聚集明显，需求不断提升，在这些城市中几乎无人愿意务农。除了在一些热带城市，有人会利用城市低洼地带或在闲置的城市缝隙空间种植蔬菜、饲养家禽或进行园艺栽培，而且往往表现不俗。但在城市里自己种菜并不一定符合卫生条件，主要是存在使用生活废水等受污染水源和动物重大疾病等问题。

当然，在法国北部的大城市或其近郊也有丰富多彩的蔬菜种植自然体验活动，如巴黎大区的嘉丽农场。在美国收缩城市①底

---

① 指代受去工业化、郊区化、老龄化以及政治体制转轨等因素影响而出现的城市人口流失乃至局部地区空心化的现象。第二次世界大战以后美国、英国和德国的部分工业城市先后出现了不同程度的收缩。——译者注

特律的铁锈地带①，在工业衰退和 2007—2008 年次贷危机腾出的空间上，以及在巴塞罗那、上海、米兰和鲁尔等城市和工业区里，出现了一种农业新模式——城市农业。城市农业能够充分利用绿地、城市废弃地、厂房屋顶，创造出一片片"可食用景观"。依托最具创新性的技术，城市农业实现了生态农业和数字农业的有机结合。在生产沙拉或蘑菇的新型垂直农场里，不使用农药并且完全不受天气和季节影响的农业种植新方式应运而生。高科技无土栽培时代的到来，使有效利用小空间生产高附加值产品成为可能，打造出了永续农业模式下的生物密集型迷你菜园。然而，城市环境中重金属污染对食品安全的威胁并未得到妥善解决。今天在巴黎，开发荒地、屋顶，打造城市农业等雄心勃勃的项目受到广泛讨论。当空气污染快速黑化建筑外立面时，我们就必须以对待农民的同等严苛的标准来评估城市农业的生产。

---

① 最初指的是美国东北部-五大湖附近，传统工业衰退的地区，现可泛指工业衰退的地区。在 19 世纪后期到 20 世纪初期，美国东北部-五大湖附近水运便利、矿产丰富，因此成为重工业中心。钢铁、玻璃、化工、伐木、采矿、铁路等行业纷纷兴起。匹兹堡、扬斯敦、密尔沃基、代顿、克利夫兰、芝加哥、哈里斯堡、伯利恒、布法罗、辛辛那提等工业城市也一度相当发达。然而自从美国步入第三产业为主导的经济体系之后，这些地区的重工业纷纷衰败。很多工厂被废弃，而工厂里的机器渐渐布满了铁锈，因此那里被称为铁锈地带，简称锈带。——译者注

依靠高额补贴维持的可持续性

还有一个问题值得关注，此类项目作为意识形态的形象展示，通常依靠政府财政或私人投资者的高额补贴来维持发展。萝卜的价格高得令人望而却步，尽管几乎没有人愿意为此埋单……这对以农产品溢价来维持生计的传统农民来说，很是讽刺。使这一新型农业模式得以维持生存的是，大量的补贴以及被源源不断地输送进来、愿意投身农业工作的"实习生"。

有许多农场被视作未来农业典范工程，但它们运营的平衡之道在于通过提供可复制的内部专项培训来换取免费劳动力。但以勒贝克埃卢安小镇的有机农场为例，只有不到10%的受训人员会把学到的知识应用到农场创建的实践中。这些受训人员的目标不是生产，而是通过亲近自然来放松身心。同样，在西非的桑海①中心地带，20世纪90年代初在贝宁推出了一系列展示项目，力争打造自然和生态农业的示范区。最初项目规划建造生态农场的典范，但最终未能打造出高素质专业化的农民队伍（在项目进展不

① 指桑海帝国，西非一古国。自15世纪起，桑海逐渐形成一个强盛的帝国，取代了马里帝国在西苏丹的霸主地位，最终发展成非洲历史上最大的文明古国，面积几乎与欧洲相等。之后的西苏丹地区乃至撒哈拉以南的非洲大陆，一直未曾出现能与之相比的庞大帝国。不仅如此，桑海帝国政治法律制度的完备、文化学术的繁荣，在撒哈拉以南非洲古代历史上也是空前绝后的。可以说，桑海帝国代表着古代黑人文明的最高成就和最后的辉煌。——译者注

顺时，大部分人选择放弃培训），大部分受训人员甚至难以实现经济自立。项目不得不保留非政府组织的法律地位，通过获得个人捐赠或机构赞助等大额补助来维持运营。皮埃尔·哈比①在阿尔代什省打造的"尊重土地与人"展示项目也遭遇同样的情况，他在项目官网开通捐款通道，呼吁网民捐款支持项目，这是任何传统农民都不敢做的。

我并非无端指责抹黑此类项目，一如它们为了证明自身存在的价值和请求资金支持而诋毁传统农业。但我想提醒大家，90%的粮食来自传统农业，而且我们要清楚地认识到，尽管此类项目赢得赞誉，但它们仍然以利基市场为主，补贴标准是按照每吨进行发放，补贴金额巨大。永续农业不管从哪个方面来说都价比黄金，但它的发展需要银行家、投资人和慷慨的捐赠者提供坚实支撑，或是料事如神的高人在媒体面前立下誓言，要通过永续农业实现贫困人口脱贫目标。在实践中，如果没有在项目亏损时继续追加的投资，很多项目在启动阶段就遭遇夭折，它们在保持可持续的经济平衡方面面临着困难，因为这种平衡和资源的调集密切相关。

部分项目会因为非法宗教活动，不符合卫生管理标准，或未达到动物福利标准而被监管部门依法关停。援引劳动法和卫生条例，关于手工食品、自制食品、传统食品、天然食品等的标准规定较为模糊，此类产品生产者的制作过程随意性大，但工业生产

---

① 阿尔及利亚裔的法国著名农业专家、农业生态学先驱、诗人、作家、思想家以及联合国粮食安全专家。——译者注

奶酪却必须严格遵从最低标准。法律明令禁止使用成分不明的混合药剂进行防治。同时，业余主义和神秘主义仍在盛行。我的委内瑞拉籍学生帕欧拉如是总结："永续农业令那些对农业一无所知的文人墨客为之着迷，他们对自己的生活境况并不满意，所以决定投身农业事业。"她曾对此深信不疑，但理论与现实之间还是存在差距的。

生态农业：引入复杂性科学……最终去向何方？

与永续农业一样，生态农业也在自我宣传具有众多优势。要给生态农业下定义是相当复杂的，因为同样地，炒作概念对这种农业模式的宣传推广起着相当大的作用。常有漫画讽刺传统农业为"生产主义"或"工业主义"，生态农业模式一心想与此传统模式彻底决裂。在法国农业部官网上，生态农业被定义为"基于生态系统所体现的各种功效和作用建立起来的一种农业生产模式"。这样含混不清的概念足以让公众相信传统农民是愚蠢且无法理解生态系统的人。

与永续农业一样，生态农业实际上也是一个首尾缩合词①，创造这个词只是为了满足爱显摆的人的虚荣心。这些人会迫不及待地向你展示讲解非洲农业在这方面获得了多大的成功，而完全

①　又称混合词，是由两个或两个以上的词通过缩合相同或相似音节的方法构成的新词。构成的新词的意思通常与构成它的词相关。——译者注

不顾事实——非洲是世界上粮食最短缺的地区，依赖大量进口粮食以养活城市，农民却饱受饥饿和疾病折磨，平均寿命极短。

　　那究竟什么是生态农业呢？生态农业的重要特征是利用自然调控机制，使植物进行自我防卫以抵御外部侵害。简单来说，就是在农田栽种树木、树篱、灌木以创造生物多样性，为农田里的山雀、瓢虫、蝙蝠等种类繁多的天敌昆虫提供住所和庇护，保护庄稼不受病虫害侵蚀。具体实施过程有一定的复杂性，因为生产者必须根据不同的情况采取不同的措施。病虫害防治方案通常会由科研人员提供，因为他们可以在小范围内调集大量资源，且不必靠产出的农产品维生，出售研究成果是他们的主要收入来源。但防治方案必须始终以种植者的实践为准，种植者需要对研究结果进行测试，根据现场情况决定采用与否，或者对方案进行相应调整。不管采用何种方案，种植者都需要承担风险：果园里的杂草也可能为害虫提供庇护或者与苹果幼果竞争营养，导致苹果无法健康生长。一排树木也会阻挡谷物的阳光，以玉米这座"氧气工厂"为例，在充分的阳光照射下它能将太阳能转化为生物能，但在阴凉位置种植则无法有效转化。

发展生态农业

　　构建新的农业生态系统需要利用传统农业精华和现代农学科技成果，保护和放养天敌昆虫，引入动物肥料，种植树木和树篱以及采用合理的间作套种模式。例如，我们正在重新整合利用前哥伦布时期①文明的"三姐妹"——被玛雅人奉为神物的玉米，缠绕茎的四季豆，以及抑制杂草生长的覆盖作物西葫芦。又如采用轮作，特别是引入高效吸收硝酸盐的套种作物，如豆科植物（苜蓿、蚕豆、豌豆等），可为土壤固氮，生产优质植物蛋白，且不必再施矿物肥。据此我们似乎可以看到，生态农业的主要优势之一是在农场内部提升维持生态系统稳定性的能力，实现农业投入品减量。

但每个农民都会打起自己的算盘——发展生态农业需要承担额外工作，只有持续盈利一切才变得有意义。而关键问题是如何使这种复杂的生产方式实现盈利，优质高产的生态农业是依托于机械化作业（例如，可对不同作物进行分拣的光学分拣机，或者食品加工用传送带），还是通过在有限空间内配置大量无偿劳动力实施农业活动？过去的粗放型农业适用人口密度低的地区，主要以扩大耕地面积为增产手段，整体产出极低（但农民投入的劳动力也有限），但创建生态农业区往往比粗放耕作更为耗时耗力。而相较于以上两者，第二次农业革命后采用的简化耕作系统则更易

---

① 又称印第安时期，是指新大陆在明显受到来自欧洲文化影响前的历史时期。从字面来理解，这段时期似乎指西班牙航海家哥伦布于1492年时第一次来到美洲大陆前的历史，但实际上，"前哥伦布时期"通常还涵盖当地印第安文化在哥伦布登陆美洲大陆之后数十年，或几世纪后的历史，直到这些印第安文化显著受到欧洲文化的影响及侵略。"前哥伦布时期"这个词常常在探讨新大陆的印第安文明时被提到，例如中美洲诸文明——阿兹特克帝国、玛雅文明，以及坐落在南美洲安第斯山脉的印加文明及莫切文明等。——译者注

开发投产。简化耕作系统的优点是投入低、产出高，缺点则是土壤质量和环境状况遭到忽视。

　　当我们与农民进行交谈，他们都会对公众的自然教育课表达不满，认为其中的理论完全脱离了自己通过实践得出的结论，或者与其自家农场的情况不符，他们了解自家的每一块田地，包括土壤生产作物的能力和局限性。如今，农民被强制要求种植树篱以恢复生物多样性（在法国树篱已经长达 50 万千米），这意味着农民有 5% 的土地被合法剥夺——这 5% 的土地必须用于"生态农业基础设施建设"。建设生态农业基础设施在作物品种、劳动力、时间和机械设备投入等方面成本极高，它会减损作物种植面积，且无法立即实现经济效益。除了农民，还有哪些从事其他行业的人愿意不计任何回报，为社会公共利益牺牲个人 5% 的财产呢？

　　尽管城市居民对于树篱灌木重返乡村喜闻乐见，但农民因此获得的财政专项补助资金与付出难成正比，且实际成效不彰，与媒体宣扬报道存在差距。我们可以换位思考一下，想象这个场景——农民到访城里人的办公室品头论足，指出开放空间不合理，下令重新安装隔板，要求保护个人隐私，增加私人空间，还规定要增加绿植以缓解现今许多公司员工在工作中都能感受到的痛苦。顺便说一句，他们这样评论确实是有道理的。

　　所以，出于客观考虑，我们不该把生态农业当作解决一切问题的万灵药，而应该正视和把握其真正价值。农民做好了准备随时应对这些生态系统带来的复杂困难局面，但只有在他们工作能得到相应报酬，或者在政府认可其工作能够维护公共利益并给予大力支持的前提下，他们的努力才能继续下去并且带来成效。

示范项目

农民也可以获得私人基金会赠款，比如在西班牙安达卢西亚的阿勒维生态系统恢复项目。安达卢西亚被塑料垃圾的海洋淹没，正大量释放温室气体。在那里，移民工人惨遭剥削，本就紧缺的土地资源面临着日益严重的荒漠化问题。安达卢西亚正试图制定尤其是水资源系统的可持续性标准。创办于 2014 年的阿勒维协会倡导可再生农业，致力于恢复生态系统和振兴废弃村庄。项目促成了芳香植物、开心果、杏和豆科植物的种植，作物秸秆还田则可增加土壤肥力和涵养土壤水分。随着该项目的推广，农民每年翻耕次数从原来的六次减至两次，既有效掩埋了有机肥料，又使土壤结构得以保持，还能节省能源和降低机械成本。

该项目由荷兰的"公共用地基金会"资助运行——基金会共投资 2600 万欧元经营近 300 个农场。采用再生农业技术种植的黑麦公顷单产量 1.2 吨，略高于非洲农民的产量。

同样地，与再生农业为农民带来的收入相比，粮食产量低得令人咋舌。当然，再生农业还提供了其他服务，尤其是生态系统方面的服务，这些服务应该被赋予货币价值，以衡量其全部贡献。绿树成荫的山丘，如诗如画的美景，以及为振兴乡村贡献力量而充满自豪感和幸福感的人们，价值几何？这些工作成果带来的成就感不是金钱上的，却是真实的。但也正是温室里的西红柿维持了整个安达卢西亚地区的生计，如果没有集约型农业，经济和社会都将走向崩溃。我们要做的是提高集约型农业可持续发展能力，承认集约型农业可以在促进农业活动的同时提高自然环境景观的质量，而不是把所有希望寄托于乡村振兴。今天集约型农业的发展方向正是走向持续化。

阳台种出的食物

创建城市粮食生产系统，开发荒地、屋顶，建造垂直农场，推广永续农业……今天，农业科技创新硕果累累，释放社会创新活力，点燃了人们的激情。农业领域的不断创新驱使我们重新审视人类与粮食生产的关系，同时把土壤质量、生物多样性与食物的关系纳入整体考量。但无论所有这些关于农业生态系统、农业复合生态系统以及创造都市可食用景观的思考多么巧妙绝伦，都无法掩盖一个基本事实——所有城市面积占全球非冰川面积不到1%，所以无论这些农业系统价值多高，都不能养活全人类。我们又如何能在城市屋顶或荒地生产出足够的食物？

不管这些替代农业系统设计得多么精湛，我们明天也不会仅以蔬菜和蘑菇为食。在广袤的平原地区，种植着谷类作物，还有大片的大豆田和价值高又实用的树木，这些地方几乎完全实现农业机械替代人工耕收。但如果认为每个人都在自己家阳台或旁边的公园一隅重新种地就能养活大家，那就是乌托邦式的幻想。除非我们预测未来世界将限制科学进步，且人类终将退回到自给自足的小农社区，否则关于逆城市化潮流的讨论意义不大。顺便一提，这些都是崩溃论专家们公开强调的愿景，但他们自身还没有做好在日常生活中实践这种前景的准备。我们还需要记住，任何被遗弃的地区都会满目荒芜，这对于人类和自然界并没有什么益处。曾经让人类忍饥挨饿的采集时代已经过去。

农业新模式应该是利于生产力提高，并且可实现自我再生的。也就是在不破坏系统内部循环的同时，还必须使生产者持续盈利，使消费者能够负担，而且出产的食品必须是安全健康的。更重要的是，这一农业必须能够养活由特大城市组成的世界。今天有1/2的人口集中在城市，到2050年这一比例将是2/3。

农业科技蓬勃发展，各类倡议不胜枚举，但万变不离其宗——我们必须继续养活世界，而且只有大田农业才可以养活世界人口。种植面积高达16亿公顷的谷类作物、蛋白质作物和油料作物构成了世界粮食作物的基础，而今天，如果要继续种植，我们就不得不全力以赴应对气候变化。法国粮食部门针对这一议题进行了深入的研究，尤其是在应对夏季干旱、捕获更多温室气体、重新引入生物多样性、保护土壤以及提高产量等方面。答案是丰富多彩的：培育新品种，新农场模式，农田水利新技术，农业机械高效利用，农业投入品减量增效等，最终达到能源消耗与粮食产量脱钩。

"短链"流通、有机农业、永续农业，抑或拒绝科学技术，通过看星象来指导耕种和为追寻人生意义的城里人指引心灵归途的生物动力农业①，无论这些耕作模式多么必要和受欢迎，它们都不能成为养活我们生活的城市和非农业国家的方式。永续农业在小规模内运行表现优异，生产力甚至可以极大提高，但前提是要加大人员和设备投入以及加强农业投入品和废水管理。永续农业并非田园牧歌式的回溯，而是对微环境的高技术含量开发，包括废弃荒地、城市空隙空间、阳台、地窖、建筑物屋顶等。它既不能代替兰吉斯市养活巴黎，也不能取代为人类提供了近2/3粮食的大田农业。农业在提供环境服务的同时也要牢记解决吃饭问题的使命！

---

　　①　生物动力学是研究生物动力的发生、发展、转化和平衡以及相互作用表现和过程的规律的学科。生物动力农业是生物动力学理论在农业领域的典型应用。生物动力农业的主张包括：农场是一个活的有机体；根据星象、季节和自然规律，进行计划性的耕种；极力避免使用化工肥料和农药；顺势疗法的原理唤醒土壤自身的肥力和免疫力；由此发展了一系列特定制作的调控素用于保护土壤、植物、动物和人类。核心技术主要包括：土壤健康和营养技术；生物动力调控素技术；生物多样化管理技术及杂草、病虫害防控技术；配合宇宙律动的适时农作技术。——译者注

第 11 章

环境服务，还是
解决吃饭问题？

做农民是不可即兴发挥的。但实际上，许多人是在结束一份职业后才投身陌生的农业，其中主要是退休人员和想要重返乡村寻找集体生活的群体。但他们更多是在菜园里种菜，而不是从事真正的农业生产。今天，法国各大农业经营者工会要求政府推进农民职业化，就是为了区分热心的业余农民和以解决绝大多数人温饱问题为主的职业农民。

今天，对于视土地为劳动工具的职业农民和想要通过农业实践来丰富人生体验的业余农民来说，农民这份职业的概念有着截然不同的本质。前者以营利为目的经营着农场，同时必须应对不断升级的行业监管（化学投入品控制、废水管理、农产品质量安全标准、动物福利、职工薪资待遇、法定标准工作时间等）；后者则寻求人与自然和谐共生之道，极力推崇和敬仰自然。

祖父母一辈的故事还留存在前者的记忆中，关于过去的农业生产条件和夜以继日不辞劳苦地工作，所以他们认为农业发展的关键在于推动现代化。他们想要提高效率，实现机械化，于是不断寻求创新技术，甚至成为技术应用的先驱。技术的应用帮助他们克服农业的不确定性，摆脱繁重的体力劳动——气象站，传感器，挤奶机器人，利用卫星数据绘制的地块图实施土壤精准改良或营养补给，或精准定位喷洒农药区域，通过辅助精准计算配制剂量精度达毫升级的药剂，使用无人机释放天敌昆虫快速处理虫害，如投放赤眼蜂防治玉米田的螟蛾虫害，还可以在果园利用无人机喷施性诱剂……

矛盾的是，行政限制和监管措施将职业农民的生产约束在系列规范和标准之下，批发商和合作社对他们出售的农产品要求严苛，而他们却将凡此种种看作发展机遇。通过与大型零售商或国外进口商建立业务关系，他们了解如何遵守严格复杂的货物品质规格，这使他们成为环境可持续发展的护卫兵——市场则充当治安法官①。如果没有人再买笼养鸡蛋，那么农民除了放弃蛋鸡养殖之外别无他法。消费者如果想要有机产品，就必须进行有机转型。

因此，职业农民的特点是具有适应性和进化能力……但人们通常会错误地认为他们在闭门造车，对环境变化无动于衷。随着农业产业的技术复杂度越来越高，他们也就越来越难以向公众解释清楚，而公众舆论对农业的认知还停留在过去的印象上，用过往的标准评判着母鸡在粪堆上啄食的老农场。农民绝非薄今厚古

---

① 治安法官是一名政府官员，一般只被授权主持一些低级的司法程序，如交通违法、商店行窃或违反许可证和执照。治安法官的职责和工作限制因其工作的地区和国家而有很大的不同。治安法官可以担任全职或兼职雇员，职位可由选举或委任产生。——译者注

之人。恰恰相反，好农民还会是战略家，善于运用自己的比较优势，能根据形势变化改进工作方式。

专业人士与活跃分子

不幸的是，职业农民团体变得高度专业化，以致难以与外行人就其职业进行交流，因为他们掌握的技术术语是外行人无法理解的。在职业农民团体身旁，出现了一群新农人。

一部分新农人来自非农背景，他们将早前在其他职业领域收获的管理和沟通技能应用到自己的农业新项目。这群人的特点是渴望与城市决裂，因为他们再也无法忍受城市的生存守则——过度拥挤的空间，高速运转的生活节奏，过长的工作时间，在交通堵塞中浪费的时间……而且他们中的大部分人都曾经在过往的职业中创造辉煌，赚足了资本，可以体验一种全新的生活方式。

另一部分新农人则出身农家，在看到父母劳碌一生却勉强维持生计后，希望使农业生产方式发生创新变革。为了打破他们所说的"生产主义"模式，他们不假思索地将一切弊病归咎于传统农业，甚至丑化歪曲它以证明自己的选择多么合理，顺带增加曝光度，吸引资本投入。

推动绿色发展及其局限性

迅猛增长的绿色信贷是否可以推动农业可持续发展？我对此

半信半疑。大型出口商，以及城市农产食品供应商都面临着更加严格的监管环境。合作社、批发商以及农产品加工业都知道自己没有犯错的机会。即使是在持续依赖杀虫剂、加速砍伐森林或剥削低技能劳动力的部分新兴国家，备受争议的农产品综合加工业也在不断发展壮大，这或许不仅是为了满足发达国家城市消费者不断升级的新需求，也是为了积极回应各国政府对水土污染以及土壤侵蚀等环境问题的关切。

越来越多的国家在寻求环境可持续性以及随之而来的"绿色"信贷。在国际金融中，此类信贷的规模占比不断扩大，包括向碳基金，REDD 计划（减少砍伐和缓解森林退化以降低温室气体排放），生态补偿机制，针对减缓温室气体排放与适应气候变化的项目发放的财政补贴等。农业生产主体大多以家庭为主的西欧，自 20 世纪 90 年代初以来一直着力于一场农业领域的大规模绿色环境运动。旨在专项支持农业环境融资的欧盟共同农业政策第二支柱正在稳步增加资金投放，尽管绿色申请条件也在同时增多。新一轮欧盟共同农业政策（2021—2025 年）正进一步提高环境方面的贷款申请条件。

集约型农业接受了大规模绿色环境运动的洗礼，在质疑声中砥砺前行。曲解集约型农业就是忽视了这一事实。要知道，提升粮食单产水平以及施行清洁生产能够实现碳元素的有效利用和拯救森林资源，而这两者正是可持续发展理论的基本要素。

尽管众多新设立的创新型基金通过建立生态补偿机制和绿色

银行为生态系统服务①提供资金支持，但现实情况表明，除非为了获得碳信用额度并在国际市场上销售，否则没人愿意为这些服务持续埋单。一些大资本大财团熟练掌握牟利手段，陆续设立专业公司——碳市场已经成为名副其实的全球废气工厂，内部甚至藏有黑手党分子，能够利用各国立法差异大发横财。但是，对那些忍饥挨饿的人来说，碳信用根本无法解决他们的吃饭问题。

马托格罗索州是巴西最大的大豆产地，这里的人们生活水平远高于亚马孙热带雨林。亚马孙雨林的社会指标一直维持在较低水平，因为自欧洲人发现亚马孙地区以来，它一直处于"无利可图"的状态，除非我们清除大片森林以出售林木并在此经营畜牧。这里陷入左右两难的困境——美洲印第安人作为超卓的自然守护者被我们称赞，但他们中大部分人却因为被指派这项任务而受难，他们也想融入现代化发展的进程，从开发森林、农业和矿产资源中获利。

厄瓜多尔一直呼吁国际社会提供援助以避免开采厄瓜多尔境内亚马孙雨林的石油资源，但面对极少的补偿资金，最后厄瓜多尔不得不放弃保护计划，并着手将油田的价值变现，即开采石油和天然气，因为世界运转仍严重依赖化石燃料。经济去碳化的进

---

① 　对人类生存及生活质量有贡献的生态系统产品和生态系统功能。人类从生态系统获得的所有惠益，包括供给服务、调节服务、文化服务以及支持服务（如维持地球生命生存环境的养分循环）。——译者注

程中，绝不该出现荒谬的技术选择①，例如那些以开发生物质能为目的的种植园，既不会直接提高当地居民经济收益，也不会产生溢出效应。种植不可食用的麻风树和蓖麻与种植玉米高下立判。更让人无法接受的是，现在一些族群正因为狂热的石油勘探而被迫搬离其进行采集狩猎活动的领地，面临着以保护野生动物多样性（与普通生物多样性和家畜多样性、农田生物多样性是相对的概念）为名义的驱逐，例如中部非洲的巴卡族俾格米人②，他们遭受了由环境非政府组织资助的民兵组织迫害，国际生存组织谴责了这些民兵的劫掠屠杀。以田园牧歌式的愿景来鼓励土著群体从事农业，用难以为继的生产方式使他们陷入困境，既剥夺了原住民的发展权，也剥夺了他们选择自己命运的权利。

关键问题是如何确保农业提供环境服务获得的报酬与农业承

---

① 是指决策者为了实现一定的经济、技术和社会目标，考虑系统内外客观因素的制约，对各种技术路线、技术方针、技术措施和技术方案进行分析比较，选取最佳方案的过程。技术选择是一个多层次、多因素的动态决策过程。——译者注

② 并不是一个种族，而是泛指全族所有成年男子平均高度都少于150厘米或155厘米的种族。比较知名的俾格米人都生长于非洲中部，例如：阿卡族（Aka）、巴卡族（Baka）、木布提族（Mbuti）和特瓦族（Twa）。俾格米人头大腿短，长得精瘦，人人都腆着大肚子，肚脐眼凸起鸡蛋大小的肉疙瘩。俾格米男子擅长打猎，喜欢集体围捕大象；女人在家采野果，挖树根。和其他黑人相比，俾格米人肤色较浅，呈深棕色，头发不像其他黑人卷得那么厉害。因此，俾格米人受到其他黑人部族的歧视。有巫医称食用俾格米人能获得强大力量，中非的黑人因此大量屠杀俾格米人并烤熟食用；另外，随着社会发展，人们不断砍伐和破坏热带雨林也大大缩小了俾格米人的生存空间。——译者注

载的首要和根本使命相协调。解决吃饭问题是农业的首要和根本
使命，这对人类至关重要。除非你对此漠不关心，认为人类是掠
食者且人口数量过多，要不惜一切限制人口数量，并且接受诸如
饥荒、营养不良、婴儿死亡率极高、重大慢性病导致的过早死亡
率极高等由此产生的关联因素。但关于人口过剩带来的不良影响
并非本书主旨，此处不作讨论。

莫让食物再次变成奢侈品

过去，由于粮食单价下降，加之农业增产带来的增收，"马尔
萨斯陷阱"得以突破，我们因此战胜了饥饿，那所谓的替代农业
模式是否具有可持续性和可推广性呢？在传统农业中，小麦每公
顷产量 7 吨，玉米则为 10 吨，同时可节省土地资源、森林资源和
自然资源。那些呼吁推广生态农业的人如何应对产量下降1/3，以
及病虫害肆虐造成收成不稳定的情况？

当然，替代农业对自然的干扰更低，但如果推广替代系统，
需要多少公顷耕地呢？谁能接受食物再次变成奢侈品？粮价稳定
是社会稳定的坚实基础，在这一情况下谁能资助推广替代农业？
城市物价飞涨正如同一根导火索，点燃了 2011 年一系列的"阿拉
伯革命"，包括叙利亚内战和苏丹内战。农产品出口产值占法国农
业总收入的1/4，法国要调整定位以面向本土、转战内需市场吗？
如此一来，地缘政治后果如何？20 世纪 60 年代，法国人食物开支
占总收入的1/3 以上，而现在这一比例是此前的一半（甚至可降

至 11%），法国人是否能理解产量更低和产出更贵意味着什么？

如今，当一种食品被贴上本地、有机标签，还有优质标签如 AOP 或 IGP①，红色标签等，简直就是拆纸有奖的西风糖果。但这样的市场弹性有多大呢？实际支付的消费者数量有多少？基于需求增速放缓，市场总会存在供过于求的风险。农业生产不是只为星级餐厅老板或一小部分受过良好教育、非常富有的消费者准备的，这群公民确信自己有必要以公平的价格获得食品，并且准备长期致力于这一目标。

与维持农民农业联合会（AMAP）订立协议的消费者，在少数有机生态积极分子的善意推动下，开始烹煮时令食材，尽管这些食材不是非常诱人。菊芋、婆罗门参和大头菜等不会成为底层家庭的日常伙食，尤其是在家里的女主人外出打工的情况下。宣称自己熬汤不会比打开包装就可扔进微波炉的高汤块花费更多时间，这是把别人当傻瓜。

今天多地政府出台政策促进农产食品消费提质升级，这将使法国农业无力应对国际竞争和国内的困难。在开放的市场中，价格竞争力变得难以保持，而法国农业正在向集"环境可持续—口感品质—安全卫生"三项要求于一体的农业发展模式转变。因此，只有当我们有足够长的时间论证所有必要投资和产量下降的合理性，并且确保农民能在具有稳定性和营利性的农业合同中受益，

①　地理保护标志的缩写，指优良地区餐酒。与 AOP 同样拥有严格的审核与认证机制，但其品质不如 AOP 级别葡萄酒。在法国，IGP 级别的葡萄酒非常常见，其产量占法国葡萄酒产量的一半以上。——译者注

对农民来说这一模式才是在财务资金上可行的。无论如何，他们都需要大量的财政支持。即使是萨瓦省的博福特奶酪①生产商，如果没有欧盟的支持，也无法生存。在恶劣的市场环境中这种顶级奶酪基于严格的产品品质标准实现着精益生产。

布列塔尼树立农业标杆典范

布列塔尼的例子最具代表性。我之所以以布列塔尼为例，是因为它被误解为工业和"生产主义"农业的象征，遭遇了特别强烈的错误批判。这个观点非常错误且带有蔑视性，与布列塔尼的现状有着天壤之别——布列塔尼已处于生态改革创新的前沿。

我到布列塔尼参观过许多农场，深入过很多合作社开展走访调研，所到之处，无不为布列塔尼人为同时满足社会期望和解决群众吃饭问题而采取的举措所深深震撼。在过去很长一段时间里布列塔尼都是一片贫瘠的土地，深受移民难题困扰。在福楼拜回忆起 1847 年到布列塔尼旅行时，曾描述所到之处都被乞丐围堵。在这片文明高度发达但长期贫穷的土地上，过去混合农业模式的农场经营曾经难以维持生计。如今，通过推动旧农场向现代化转型，这里取得了长足发展。

————————

① 萨瓦地区的奶酪生产商们为游客提供品种繁多的奶酪，从软奶酪到硬奶酪，从主流奶酪到独门奶酪都有，都是按照古老的方法来制作的。阿尔卑斯地区最著名的奶酪有瑞布罗申、博福特、阿邦当斯、萨瓦多姆以及萨瑟纳格蓝奶酪。——译者注

今天，优秀的家庭农场已经能够专门从事农业生产活动，在解决群众吃饭问题的同时进行创收——知道如何抓住机遇抢先发展是刻在布列塔尼人骨子里的！早在 20 世纪 70 年代，一批有远见的人如亚历克西斯·古尔文内克就发明了布列塔尼渡轮，修建了罗斯科夫深水港，为邻国英国和整个法国提供优质的蔬菜和动物蛋白。过去布列塔尼被污名为"贝卡辛地区①"，现在这片土地已经成为法国农业主产区，多种高品质农产品的产量处于领先地位。布列塔尼生产了法国 85% 的花椰菜、洋蓟和葱头，50% 的菠菜，25% 的豌豆、四季豆和西红柿，超过 50% 的法国猪，也生产了 44% 的鸡蛋，20% 的牛奶和禽肉。最后，布列塔尼还是动物饲料生产的佼佼者。所有这些都是在高水平的生态环境保护之下取得的，这也使得区内各省跻身法国十大最干净省份之列，这里非常宜居（请注意，吉伦特省名列第一，我们要严肃地看待接踵而至的寒潮、霜冻等自然灾害导致波尔多葡萄酒业遭受的巨大损失，尽管波尔多葡萄酒业也拥有开创性的质量管理规程和环境管理体系）。

过去水中的硝酸盐含量极高，但在严格规范畜禽粪便管理后，硝酸盐含量下降，较允许标准每升 50 毫克低 1/3 以上。在维莱讷河畔努瓦亚勒市，农学家克里斯蒂安·布森为对人类健康至关重

---

① 贝卡辛是 1905 年由约瑟夫·平乔创作的人物，发表在《苏泽的一周》少年漫画杂志，用以讽刺在英国被关在狭窄阴暗的小屋里，任人奴役剥削，后来逃离到布列塔尼的妇女。贝卡辛被认为是来自文明边缘的落后国家。——译者注

要的亚硝酸盐进行平反："将亚硝酸盐妖魔化是缺乏科学论断和事实依据的。许多蔬菜天然含有亚硝酸盐，其平均含量比饮用水亚硝酸盐含量标准（每升 50 毫克）高出 10 倍至 100 倍。硝酸盐和亚硝酸盐是一氧化氮的前体物质，一氧化氮的发现者还被授予 1998 年诺贝尔生理学或医学奖——一氧化氮是调节人体血液循环维持生命的重要分子，能预防和缓解心脑血管疾病和许多年龄相关疾病。摄入硝酸盐对人体健康有益，而且没有剂量限制。"引用他的言论是因为我并非该领域的权威专家，通过他的观点我们会发现，过去对此的认识是多么片面，科学一直在突破原来的理论不断进步。我还想提请各位注意，在维莱讷河畔努瓦亚勒市除了有一家创新的生态工业大麻空间，栽植发展这种历史悠久的植物纤维（过去大麻被用于舰艇上的绳索等军需品上，对海军必不可少，如今作为创新又环保的绝缘材料，大麻纤维可用于建筑工程）外，还有帝芭集团（Triballat Noyal）。这家成立于 1951 年的乳品企业，现在其旗下有机品牌品真（Vrai）和植物乳品牌素芽膳（Sojasun）基于法国本土非转基因大豆制成的系列豆乳产品销往世界各地。

　　公众舆论绝不该取代科学分析，否则公共决策就可能建立在错误的观念之上。要做到深谋远虑，再谋定后动。妖魔化亚硝酸盐、胆固醇、脂肪、肉类和糖，接着又意识到它们的存在是有道理的，这难道不是在教育我们不论是在农业与食品行业，或是其他所有领域，只有言论行为不偏激，才能在两个极端之间找到一定的平衡吗？人们曾反对在火腿中添加亚硝酸盐作为防腐剂，现在却意识到，如果食用不添加亚硝酸盐的肉制品，可能导致非常严重的疾病——肉毒杆菌中毒。

至于绿藻，总在水流缓慢的海湾浅处积聚。在圣布里厄，农民对于绿藻泛滥毫无办法，但如果可被开发利用，它们将成为提供能源和天然肥料的主要资源。总部位于布列塔尼的欧密斯集团公司（Olmix）在藻类产品研发中处于世界领先地位，以藻类为原料制成的产品可以在农业中取代矿物肥料，在畜牧业中取代抗生素，并为美容、保健食品及农产食品等领域提供无过敏原纯植物产品。

在菲尼斯泰尔省北部的圣波勒-德莱昂市，我参观了由技术和经济行动委员会管理的蔬菜实验站。这家由布列塔尼生产商于1965年创建的实验站致力于不断推进园艺和蔬菜种植行业的科技创新，以提升地区农业竞争力，同时也以最高标准和最严要求推动环境保护、农作物保护、施肥和栽培技术等方面的工作。我到访过很多合作社和养猪协会，他们都不遗余力地保护养殖的畜禽，并遵守着最严格的卫生健康和环境保护标准。

布列塔尼打造了一系列科技创新集群，开展了各类技术创新活动，通过生产种类繁多的动植物产品应对可持续发展面临的所有挑战，尤其是"布列塔尼气候计划"。该计划目标是到2025年将本区域的温室气体排放量减少20%，并在其能源结构中增加可再生能源的份额。

法国最大的牛奶生产商特雷瓦雷斯实验农场也设在布列塔尼大区，位于法国最环保的省份之一——菲尼斯泰尔省。该农场正在测试"低碳"奶牛养殖技术，主要包括摒弃进口大豆转而选用菜籽饼进行饲养以减少法国对进口大豆的依赖，同时停止间接造成热带森林砍伐。其原理在于通过调控奶牛饮食结构来减少牛体内的甲烷排放量。

蓝白心认证体系也将苜蓿、小蚕豆和草等纳入具有蓝白心标识的养殖动物饲料清单，因为此类饲草富含 $\Omega3$，可以改善动物健康，从而有利于我们的健康。

布列塔尼各地的农民都在进行技术创新。自 1987 年以来，雷恩市每年都举办一届大型畜牧展览会，只要来到这里，访客就能了解到法国农业为满足我们的期望做出了多少努力，还能借此机会重新认识和了解恢复畜牧业的地位的重要性。

第 12 章

发展畜牧业的必要性

　　城市居民与自然接触得越少，对自然的爱就越深。他们热爱大自然，却对大自然缺乏了解，习惯把自己的情绪、幻想投射到大自然，将其理想化。强烈的情感可能引爆愤怒的情绪，甚至激发游行示威。大批对《动物福利法》热切关注的动物福利主义者正准备采取暴力行动以释放被禁锢和被奴役的动物。对越来越多的人来说，保护动物不仅意味着禁止食用动物，也意味着停止养殖畜禽，还有取缔马戏团、水族馆和动物园等展示动物或使用动物进行娱乐表演。

　　然而，养殖户为世界提供了大量服务，野生动物园和水族馆除了休闲娱乐功能之外，也承担科普教育和保护动物的任务。它们正努力拯救在自然环境中濒临灭绝的物种，如恒河鳄、黑犀牛。编制濒危物种红色名录的世界自然保护联盟（IUCN）自 2002 年以来就与动物园和水族馆建立起合作伙伴关系，与它们携手保护自然。幸有动物园和水族馆的行动介入，一些动物如普氏野马、野牛、大羚羊等才得以重新回归大自然。

动物福利主义的激进演变

　　但是，反物种歧视主义①团体正号召聚集发动游行示威活动，以反对任何形式的动物利用，包括骑马，因为"马不是椅子"……然而，马术爱好者都对自己的马有深厚的感情，老年马病学发展成成熟的兽医学专业就是最好的例证。反物种歧视者对马的幸福了解多少？马是一种胆小的食草动物，它需要充足的食物和安全的进食环境，而且家养马比野生马的寿命要长。至于要求废止暴力血腥的斗牛比赛，正是海明威敏感深刻的"泛灵论②"思想的体现，抵制甚至蔓延至卡马尔格赛马。但赛马会是敬重公牛的，至少赛马会从未杀害过一头公牛，而且赛马会使用的粗放饲养方式也被证实为合理的饲养，切实保护了罗讷河三角洲的生物多样性，为鸟类、两栖动物、昆虫和土壤生物提供了生存环境。

　　在全球特别是居住在欧洲的中产阶级里，有部分人在参与保护动物游行活动时激化矛盾，他们通常是其中的年轻示威者，为

---

　　①　物种歧视论是指人类对非人类存在物的一种偏见，主张保护人类的利益而贬损其他物种的利益。这是一种从伦理、道德层面到具体行为方式上对其他物种的深入侵害。反物种歧视主义，是对物种歧视的反对和抵制。——译者注

　　②　又名万物有灵论，为发源并盛行于17世纪的哲学思想，后来其被广泛扩充解释为泛神论，逐渐演变为宗教信仰种类之一。泛灵论认为天下万物皆有灵魂或自然精神，并在控制间影响其他自然现象。倡导此理论者，认为该自然现象与精神也深深影响人类社会行为，一棵树和一块石头都跟人类一样，具有同样的价值与权利。——译者注

捍卫动物权利、要求停止动物商品化而蓄意采取暴力行动，暴力行为甚至足以致命。除了那些时刻准备上街游行示威的年轻人喜欢的炸鸡、汉堡和土耳其烤肉等食物以外，全球肉类消费整体呈下降趋势。那些过去善于组织动员、策划聚众示威的机构，则依托社交网络的强大力量不断发酵强烈情感和愤怒情绪，对反对浪潮推波助澜。

然而，对畜牧业的质疑是荒谬的：在拟人论①思想的鼓动下，最坚定的动物权利活动家们多次发动突击行动，把野外生存率极低的笼养兔子和禽鸟放出笼子。但兔子之所以具有极强的繁殖能力是因为该物种是自然界中很多捕食者中意的猎物，很少有野兔能活到 1 年以上。而且夜闯兔子养殖场使它们受到外界刺激被惊吓，甚至出现压力而导致死亡……有数百只兔子在突击行动中死亡。有些运动会邀请大家领养一只从屠宰场救出的老母鸡，或者一只花了很多钱从韩国运来的狗。当然，在亚洲有些国家还流传着古法烹饪技术，存在继续烹制狗肉的人，这种做法同样受到了当地受过良好教育的城市中产阶级更猛烈的质疑和抨击。而在人口出生率低得惊人的日本，许多养狗人士把狗当作孩子来养，甚至把狗放到婴儿车里推它去公园散步。

人类一直在被视为伴侣动物的宠物和为功利性目的而饲养的

---

① 指人类将自身身体结构与功能、情感与性格等，投射到物品、社会、世界乃至宇宙之上，以赋予它们类似的结构与功能，进而对它们进行分类、组织、关联与演绎的一种理论。一般认为，拟人论是人在社会化过程中的一种认知模式。——译者注

所谓经济动物之间设置心理障碍。但这个障碍并不是牢不可破的——厄瓜多尔人喜欢烤豚鼠，看到它们在市场上被铁签穿制会让人极度不安。越来越多的新伴侣动物①也成为兽医学领域的特设新兴专业，一如老年马病学或老年狗病学。那么，鬣蜥、狼蛛或白鼬的宿命难道就是被圈养吗？

神圣的昆虫和奶牛

在世界许多地方都有食用昆虫、毛虫、蠕虫、蚱蜢和蜘蛛的人，但是欧洲人厌恶以昆虫为食，就和英国人不愿吃青蛙或马肉一样。今天，由于昆虫生长速度极快，一些人认为它们将成为未来的食物解决方案。许多公司已经开始推进昆虫集约化养殖。

除了在养殖中产生的卫生与环境污染问题需要引起重视，如养殖场的废水管理和潜在的污染风险等还有待进一步科学研究，此类养殖活动的应用价值也存在问题——将昆虫纳入人类饮食存在触碰文化禁忌的风险，正如穆斯林或犹太人忌食猪肉，西方人也难以接受让他们反感的食用昆虫。在饮食方面，宗教和文化问题至关重要，而动物在人类饮食中则占有中心地位。

在印度，政府奉行的印度教民族主义和印度教至上主义将神圣的母牛作为印度的象征。印度的牛肉出口和皮革工业已经走向崩溃，包括水牛（对印度教徒来说不是圣物）行业，这导致成千

---

① 除猫、狗等常见物种以外的其他物种的伴侣动物。——译者注

上万的人失业和面临饥饿威胁，而印度的营养不良状况此前早已达到创纪录水平。

尽管印度专门建立了奶牛养老院，但对牛的圣化也间接导致了成千上万头牛被遗弃，一头头瘦骨嶙峋的流浪牛甚至会啃食破坏庄稼。因为圣化也就意味着人们不能再为了生产牛奶、肉食和皮革而饲养牛，所以养牛户会将牛随意放生。无人照顾的流浪牛只能过着悲惨的生活，长此以往或将导致牛的灭亡。

另外，在人类过度开发海洋造成了海洋资源巨大浪费的情况下，使用昆虫喂养水产养殖鱼类有助于减缓海洋环境的压力。据估计，全球每年的渔获中有1/3（约1.7亿吨）在捕捞后即刻被丢弃，另有1/3是被无差别捕捞的海洋生物，可作为很好的矿物质来源用作动物饲料、肥料和其他各类用途。这些副渔获物可以使渔民快速赚到更多的钱，但其代价是对海洋生态造成灾难性破坏。

虽然渔业内部各部门正在广泛推进的水产资源管理智能化，使捕捞作业得以规范化，但遗憾的是，渔业领域基本属于无法可依的特权行业，有进行工业捕捞和非法捕捞的海盗，他们侵犯最脆弱国家的保护区、专属经济区或违反其捕捞配额（往往这些国家本身就会不假思索地抛售本国的捕鱼权给出价最高的国家），还有不属于任何国家的公海仍然是法外之地。

挪威、冰岛还有日本这些自认为本国文化非常先进的国家，继续捕杀鲸鱼，但这并不妨碍它们动员全民保护陆生野生动物，资助环境保护非政府组织以反对传统民族对狮子或大象做出的让外界难以接受的做法，抑或提供关于保护刚果河或亚马孙河流域的自然生态课程。当越来越多的人开始质疑人类对待动物的方式和行为，狩猎采集者却仍在大片热带森林和海洋间使用越发残暴的方法肆意采集，这是可以接受的吗？

所幸，我们有畜牧业，避免了因视自然界为丰厚的资源储备库而忽略自然资源的可持续性和可更新性。水产养殖之于渔业，正如农业之于狩猎和采集。我们不再处于采掘主义的时代。采掘主义是一个巴西语词，指的是在自然中进行开采活动，如在热带雨林、亚马孙地区、非洲和东南亚的森林中进行的采掘活动。随着人们生活水平的提高，世界人口变得越来越多，社会对环境的关注也越来越多，世界各地都在就生态资源管理智能化进行探究。如今，越来越多的人反对任何形式的动物产品消费，这一事实不容忽视。

鸡、蛋和我们

在法国，呼吁全面禁食动物以及反对任何形式的动物利用（甚至呼吁禁食蜂蜜）的纯素食主义者只占总人口的 0.5%，但这部分人的影响力以及他们在屠宰场和农场发起的猛烈攻势说服越来越多的人限制自己的肉类消费。

素食主义逐渐盛行，目前发达国家约有 10% 的人口投入到素食主义行列。之所以选择素食主要有经济原因，肉类价格高企；医学原因，研究表明过度食用未加工红肉、禽肉和加工肉类（被知名组织 IARC 公布的致癌物清单列为可能致癌物）会损害身体健康，尽管近期的研究致力于否认这一结论；文化原因，蛋奶素食者是再也不想吃死了的动物，而纯素食者则是排斥参与剥削动物；其他原因，还包括对畜牧业的指控，认为畜牧业反生态，一方面其排放的温室气体是气候变化的推手，另一方面它也侵占了本可直接供应人类消费的土地和植物资源。

上述原因均解释了西方中产阶级受教育程度最高的人群中，尤其是其中的年轻人，为何如今会致力于第二次膳食变迁，饮食习惯的改变使动物蛋白消费开始下降，取而代之的是豆类和各类替代蛋白质产品消费，如植物肉、杏仁奶、豆奶、豆腐等。现在越来越多的人拒绝吃肉，特别是红肉——哺乳动物的肉。

除了素食主义者一些极端行为或夸张的讽刺宣传外，这项如此重要的运动十分值得关注。这项运动体现了人与自然和解的深切愿望，即尊重一切生命，动物是有知觉的生物，人类不应将动物杀害以取食它们的肉。

但运动的性质是什么？我们对这项运动模糊的期望和脱离实际的空想在家禽业暴露无遗。消费者对笼养鸡蛋不再有消费意愿。但是在根据市场偏好进行生产的蛋鸡露天养殖场里，养鸡户不得不面对散养鸡群更易出现的啄癖，寄生虫侵袭，多种天敌捕食，如黄鼠狼、鹰、狐狸等。因为这就是自然法则——弱肉强食。如果母鸡看到狐狸、鹰或黄鼠狼朝自己猛扑过来，子非鸡，安知鸡之悲？因为部分饲料被浪费，养鸡户的饲料成本更高，而产蛋量却降低。当然，这并不重要，因为大多数法国消费者都有经济能力负担起不再购买笼养鸡蛋的意愿。然而，意愿的代价不可小觑——"0"号鸡蛋①（有机饲养）每千克2.40欧元，而"3"号鸡蛋（笼养）则每千克95欧分。无论如何，我们必须保证穷人可以吃得起堪称"全营养宝库"的鸡蛋。自1990年以来全球鸡蛋产量增长了两倍，每年约消费1万亿枚鸡蛋，人均145枚。但请记住，在营养不良问题最严重的非洲和南亚地区，每年人均食用的鸡蛋量仍然低于100枚。法国人均每年吃230枚鸡蛋，而墨西哥人创造了世界纪录——350枚！在产蛋方面，法国再次成为欧洲冠军，每年生产高达150亿枚鸡蛋，其中部分鸡蛋用于出口。毫无悬念的是，中国蛋产量占全球近40%。整体而言，全球鸡蛋产业发展仍面临诸多挑战。

邻避症候群②

法国养鸡业发生了翻天覆地的变化——为满足社会需求，业

---

① 法国对四类蛋鸡养殖场实行严格的分类："0"号鸡蛋表示母鸡用有机饲料喂养，养殖场设有室外活动和绿化场所，同时设有室内巢穴和栖息地；"1"号鸡蛋表示散养母鸡，母鸡白天可进入草地休憩；"2"号鸡蛋则指棚养母鸡，尽管没有室外活动场所，但可在室内自由活动；"3"号鸡蛋代表笼养鸡蛋，有20—60只母鸡生活在一个区域。——译者注

② 形容新发展计划受到该区或邻近地区居民反对的贬义词语。这个词语于20世纪80年代由时任英国环境事务大臣尼古拉斯·雷德利所创。一般来说，受到反对的发展计划都会为附近地区带来长远的利益，但短期内却会对附近的居住环境造成一些负面影响。为了保护自己的居住环境，附近居民会反对这个计划，或提议在其他地区兴建。总的来说，就如英语原句的字面意思："不要（兴建）在我（家）的后院"。——译者注

界计划到 2022 年将超过一半的笼养蛋鸡放出散养。目前看来，这
一目标有望在既定日期前完成。这是养鸡业做出的巨大努力，养
鸡户为此付出了高昂的代价。只要市场广泛接受这些鸡蛋，并愿
意为之支付额外的生产成本，这项计划就会惠及全体人民。

　　对于贫困消费者来说，鸡蛋这种日常所需的食品价格上涨三
倍可不是无关痛痒的小事，尤其当食品加工业和餐饮行业等鸡蛋
产品的主要消费群体，逐步把使用的鸡蛋换成散养鸡蛋，最终成
本压力将不可避免地转嫁到贫困消费者身上。

　　要知道，在 20 世纪 60 年代，密闭式笼养是比开放式散养更
为普遍的养殖方式，其中有两个非常充分的理由。首先，通过合
理化生产可降低产蛋成本。彼时法国战后陷入饥饿，国民对动物
蛋白有着旺盛的需求，亟待找到解决方案。比如使用人工照明，
以确保母鸡全年产蛋。现在又有谁会记得生活在野外的母鸡冬天
不产蛋呢？只有通过持续选育，才有今天如此高产的蛋鸡品种。
其次，密闭式养殖可有效控制鸡场常见细菌性疾病，如沙门氏菌
感染。至今沙门氏菌病仍位列老年人细菌性食物中毒致死榜首。
由于散养鸡更容易受到寄生虫侵袭，生物安全防护工作成为露天
养鸡场的一大难题。若暴发禽流感病毒，可引发全球大流行。

　　然而，正如农业的其他行业，养鸡业也用心倾听消费者心声，
并且不断努力适应消费者需求变化。2012 年，欧盟通过了扩大鸡
笼的新标准。北欧各国已转为替代笼养的饲养方式，而法国大部
分养鸡户则选择用新鸡笼替换旧式铅制层架式鸡笼以遵守新规令。
实际上，今天的消费者期望全面禁止动物笼养。许多养鸡户由于

新规令进行鸡笼升级换代已经负债累累，但他们别无选择。而且
露天鸡舍对空间需求大，会造成更多的成本支出（尽管母鸡最终
可能不愿意冒险，只会谨慎地待在栖息棚附近）。弗朗什–孔泰大
区的咯叽（Coquy）集团是根植于当地消费者心中的顶级鸡蛋品
牌，但弗朗什–孔泰大地合作社（Terre Comtoise）社长想在大区
开办大型的露天养殖场，这是个引发邻避症候群的计划，若要启
动计划，他不得不处理好邻避冲突。在农村地区，邻避症候群尤
其影响新农村居民，他们想买到新鲜鸡蛋，但是讨厌和鸡群生活
在一起，无法忍受母鸡不停地咯哒叫和鸡圈引来成群苍蝇。现在
从事农业活动，就连在汝拉省也变得更为复杂！比如在葡萄种植
中，农户即使采用生物动力的农业生产方式——通过使用耕马在
坡耕地作业以达到保护土壤、尽可能接近自然的目的，也会引起
当地居民的愤怒抗议，他们对路边堆满的马粪和群蝇乱舞怒不可
遏。哪怕马粪是最好的有机肥料！

加强畜牧业的环境管理

今天，许多人把集约化畜牧业等同于绝对的邪恶。然而，集
约化生产如果管理得当，会成为控制畜禽安全风险、实现动物蛋
白高效高产的最佳方法，也是通过畜禽废弃物资源化利用实现智
能循环经济的最佳途径。相较于粗放型畜牧业，经过合理规划的
集约工业化畜牧业的碳排放量更低，也减少了氮排放！而且集约
化生产节约了土地，这些土地可以做其他用途，甚至维持森林覆

盖。但集约化畜牧业也是氨气排放大户，因为养殖过程中使用了大量化肥。由此可见，基于不同的参照基准和可持续性标准，所适用的解决方案也会有所差别。

养猪场和家禽养殖场正在努力减少其生产对环境的污染，并且逐步提高畜禽饲料的有效利用率——20 年前，饲养一头 115 千克重的生猪需要 279 千克饲料，而现在只需 240 千克。瑞普（GEEP）是获得法国农业部、环境与能源管理署（ADEME）财政资助开发的猪场环境管理网络平台。该平台为养猪场提供环境评测，包括用水、能源、饲料消耗，化粪池的密封遮盖，猪舍建筑设计和污水净化处理的改进，猪场粪污的降低程度，以及搭建处理粪污的沼气制取装置等方面。在此背景下，总部设在阿摩尔滨海省朗巴勒市的生猪全产业链合作社科普利信集团（Cooperl），近期建成欧洲最大的猪场沼气及沼气发酵残留物综合利用工程，该项目堪称循环经济的典范，正式投产后将为朗巴勒市约 3/4 的家庭提供天然气。在第戎市，该集团致力于推动构建可持续粮食系统，计划于 2030 年完成建造，集团力求在 2023 年前提高勃弗孔大区"绿色"天然气（生物质甲烷）占比至天然气总产量的1/4。第戎谷物合作社则推动能源型套作作物种植项目，主要种植可作为饲料使用的黑麦草。能源型套作作物可以保护土壤，延长轮作时间且不会与粮食作物竞争。

减排与经济发展应该齐头并进。尤其涉及动物福利，更应该小心对待：奶牛可不一定想在阴冷潮湿的雨天到草地里待着。要拉动奶牛离开圈舍其实是很难的，因为圈舍很舒适安静，而且还有供它们食用的牧草；如果圈舍里配备了挤奶机器人那就更难上加难，因为这确保它们每天都能按摩和吃自己喜欢的浓缩饲料配方，这使乳房水肿得到缓解（只有给奶牛佩戴项圈，才能将按摩和采食的次数限制在每次 3 次或以下！）。弗朗什-孔泰大地合作社发起了一项种植法国本土非转基因大豆的计划。该计划着眼于生产畜牧饲料，以减少热带雨林采伐，并降低对进口大豆的依赖以提振法国植物蛋白的产量。

母鸡搬出鸡笼，蔬菜放进大棚

在蛋鸡养殖中，采用笼养方式会使鸡群密度大，但安全有保障；采用散养方式则产蛋率低。介于两者之间存在着一个折中方案——放养鸡棚饲养。在放养鸡棚饲养之下，鸡群的安全得到保证，活动范围也得到扩展。然而，主张动物解放主义①的非政府组织的真正目的是取缔畜牧业，它们受到媒体广泛关注，也深得愤世嫉俗的好事者支持。动物解放主义者总在暗中行事，匿名举报，曝光畜牧业丑闻，尽管丑闻真实存在但并不具有普遍代表性，

---

① 动物解放理论是著名生命伦理学家彼得·辛格提出的有关动物利益与保护的学说。动物解放论主张平等地关心所有动物的利益，但并不赞同给予所有动物相同的待遇。该理论认为，人类应根据动物的感觉能力和心理能力的复杂程度，区别对待动物（基于功利主义）。感觉和心理能力的差异是区别对待不同动物的道德根据。辛格被视为现代动物权利运动的奠基者。另外，动物权利关注的是动物能否被人使用，而动物福利关注的是动物如何被使用。——译者注

他们习惯于把个案当作常态宣扬。与之相反的是所谓的动物福利主义非政府组织，其主要关切是改善我们称为经济动物的福利。公众情绪深刻影响着社会舆论导向，舆论风向一边倒，只要求养殖户生产散养鸡蛋，并不想了解其他任何事情。零售商和加工业则一如既往地转向农民，向农民施加压力，而对农民受到的技术限制袖手旁观。

　　像往常一样，只有当重大突发公共卫生危机来临时，媒体目光才会顺势转向，从而转变消费者，尤其是那些健忘和善变的消费者的态度。所谓的散养蛋鸡"丑闻"一旦被曝光，鸡蛋的价格会随即大涨，供应也会变得不稳定，社会舆论必定倒戈，转而要求无污染风险的鸡蛋。刚把母鸡放出散养，又要把它们赶回笼里，就像我们把大棚蔬菜放回"零农药"的自然环境生长那样。当然，农民又会适应这一转变。2017 年，由氟虫腈引发的毒鸡蛋风波震动了整个欧洲。氟虫腈是一种有机化合物，被用于防治寄生虫害，当时法国北部的鸡蛋被检测出氟虫腈含量超标，事件引发法国民众严重关切。尽管氟虫腈并未对消费者构成威胁（他们也会向宠物喷洒氟虫腈以清除蜱虫和跳蚤），而且鸡蛋内氟虫腈的含量远低于人体安全摄入量标准，这一标准是采用极其严格的评估和方法制定的，但公众一时间陷入恐慌。当然，氟虫腈不该出现在鸡蛋里……但有谁知道，正是因为北欧的养殖户比法国人更早前就改成散养和有机饲养蛋鸡，才会在鸡棚里喷洒本不该使用的氟虫腈呢？这些养殖户需要防治细菌污染。沙门氏菌污染鸡蛋致死事件至今在发展中国家仍时有发生，误食感染沙门氏菌的鸡蛋可比误食含有微量氟虫腈的鸡蛋严重得多……而氟虫腈鸡蛋的化学风险①几乎为零，但事件最终导致上百万只鸡被扑杀，而且没有人因此提出抗议——当消费者认为自己的健康受到威胁时，就会毫无顾忌地将个人健康置于动物福利之上。

2018 年，由于疑似禽流感，西南地区决定宰杀数百万只鸭子。2000 年初，疯牛病引起欧洲恐慌，成千上万头奶牛被宰杀销毁。因为欧洲各国政府亟须解决肉牛产能过剩问题，所以发现一例确诊或疑似个案就毫不留情地扑杀整个畜群。一些养殖户难以面对跌宕坎坷，最终选择自杀。但比起养殖户这一"濒危物种"，他所饲养的畜禽的命运更能牵动公众的心。

畜牧业，地球的盟友

人们应该停止吃肉来拯救地球吗？停止肉类消费既不会增加可耕地面积，也不会提高全球粮食供应——农牧系统、畜牧业养殖和牧场共占地 34 亿公顷，它们通常设在较难转化成耕地的地域。大草原、沼泽地、稀树草原、山坡、高原地区、中低海拔地区，形成此类地形特征的地区普遍土质松散，甚至瘠薄。畜牧业主要发展在干燥天气显著、往往只能通过养牲畜创收的区域，全球畜牧业直接或间接地养活了世界 20 亿人口。畜群（奶牛、瘤牛、水牛、牦牛、驯鹿、单峰驼、小反刍动物、马……）为当地

①　对人类、动物和植物能发生毒害或其他不利作用的化学物品的排放、泄漏和爆炸所引发的风险。——译者注

提供了宝贵的动物蛋白，可作为代步工具，用于制作服装、工具，建造棚屋，动物油脂可用作照明燃料……畜群组成了一家真正的自然银行，它们不仅具有经济价值，更具有深远的象征意义——养殖户通常会与自己的牲畜建立深厚的情感，洋溢着强烈的精神或宗教精神。如果被剥夺了豢养牲畜的权利，农户的生活会变成怎样？正是因为有了牲畜，贫瘠的土地才能成功地产出优质的动物蛋白，而牲畜在那片土地上必然备受尊重，甚至会被神化。怎么会有人认为人类可以没有畜牧业呢？从畜牧业中"解放"的土地不会变成谷物种植地，而且失去收入的农户会涌入城市避难。如果他们失去购买力，谁来养活他们？

当然，全球畜牧业消耗的粮食占全部粮食的近一半，但由于粮食生产是在适应人类具有偿付能力的需求中发展起来的，如果没有这些牲畜来增加粮食价值，粮食种植就会停止。非洲猪瘟在东欧地区和亚洲国家如中国、越南、朝鲜等国蔓延，而这些地区和国家是全球玉米最主要的进口地，疫情扩散的确使更多玉米暂时流入市场，但随着玉米价格崩塌式走低，全球玉米生产格局将重新调整。营养不良人口是非消费群体，尽管地球已经生产出足够多的粮食，但这一群体极度贫困，他们买不起需要的食物。禁止农户饲养牲畜并不能增加地球粮食产量，相反还会将人们推向营养不良的境地！也就是说，牧场放牧的天然饲养方式，广阔的草原，精心打理的牧场，不仅对人体健康必不可少，对地球的健康同样不可或缺。

除此之外，如果我们意欲转向不打农药不施化肥的有机农业，那又怎能没有有机肥料？有机生产和素食主义二者不可得兼，只能取其一。在实验室里生产合成肉，何乐而不为？但这些超加工食品经过多种化学加工，混入了大量化学添加剂，生产过程又制造出多少碳排放量？代价多大？还有，大草原、牧场和中低海拔山区会变成什么样？当地的美食和吸引游客的景观还有什么优势呢？游客一遍遍赞叹着盛开的草原花海，庆幸自己得以观赏这风光美景（是众多动物使草原景观得以维系），发展旅游才能为穷乡僻壤带来收入、创造就业机会。否则汝拉省的牲畜养殖户、果农和奶酪制作工人，他们会变成怎样？旅游的发展帮扶贫困地区的产业发展……就目前而言，停止食用动物源性食品反而会加剧饥饿！

渴望动物蛋白的穷人

当然，长期摄入过量肉类容易导致心血管疾病，联合国下属的国际癌症研究机构（这一机构曾不顾其他法国或国际卫生机构的意见，将草甘膦列为可能致癌物）曾发布调查报告，将腌制、烤制食物和加工肉制品列为可能致癌物。法国当前肉类消费量较20世纪90年代下降了15%。经济原因是造成消费下降的决定性因素——肉类仍是价格居高的食品。穷人对此心中有数，所以他们会把肉食留在特殊节庆享用。世界每人年均消耗42千克肉，这一数字与美国的120千克相差甚远，而发展中国家则每人年均消耗仅33千克。

　　然而，正是因为穷人长期以块茎类和谷类食物为主食，饮食单调，才导致发育迟缓和营养缺乏。全世界有多达 20 亿人口受营养缺乏影响，长此以往甚至出现贫血、失明、佝偻病等疾病问题。对这些群体来说，获得酸奶、牛奶、奶酪和肉类仍然象征着生活成功。中产阶级的崛起使世界范围内发生膳食结构变迁，而营养不良的穷人从每日一餐集合了碳水化合物的饭食变成了三餐富含脂蛋白和动物蛋白等优质食物的饭食。在世界各国，动物蛋白的摄入量都被纳入粮食安全的评价指标。

　　联合国粮农组织预计，到 2050 年，全球肉类消费量将翻一番（目前为 3.1 亿吨，但 1960 年只有 7100 万吨，当时全球近 1/3 人口处于饥饿状态），这意味着全世界需要再生产 3 亿吨肉类，以满足新兴中产阶级需求。

　　牛奶也会出现同样的情况——全世界绝大多数国家都存在牛奶供应不足，平均每人每年饮奶量只有 104 升，而发达国家却超过 250 升。在非洲，每人每年只消耗 43 升牛奶！世界乳制品供应面临严重短缺。在 30 年内，牛奶产量需要从 7.5 亿吨增加到 10 亿多吨。

　　人们越发不愿意食用未被福利饲养或福利屠宰的肉类，越来越多的肉食主义者逐步转变为弹性素食主义者，他们选择少吃肉但吃好肉，这些都是顺应自然的发展潮流。但是，呼吁推广纯素食主义未免有富人思维的嫌疑，享有特权的富人们完全忽略了过去饥饿人口想要摆脱贫困和营养不良的殷切盼望。也许是忘了这个现实，也许是对此毫不在乎。

禁止畜牧业？既破坏生态转型又犯下危害人类罪

现实是，许多协会打着维护动物福利的幌子，行推广素食主义之实。这就是问题所在。禁止畜牧业对环境没有任何好处。全球共有34亿公顷草场（法国约有1400万公顷，为农业用地面积的一半），畜牧业不仅可使此类次等耕地得到充分利用，还在至少五个方面发挥着关键作用——维护生物多样性，提升景观品质并使景观得以对外开放，改善土壤有机质含量，降低干旱地区火灾发生的可能性，增强抵御气候变化风险能力。

联合国粮农组织认为，温带国家的放牧系统是全球单位面积农用地上温室气体捕获效率最高的系统之一——如果牧场管理得当，每公顷土地可捕获65吨二氧化碳！法国永久性草地的碳储量占土壤总碳储量的1/5以上。当然，森林的总碳储量高达总量的40%，放牧系统位列森林之后，但我们不该选择生产力更低的系统，如有机农业系统，因为如果要保证此类系统达到与其他系统同等的生产水平，我们将不得不采伐森林。我们也不该禁止畜牧业，因为这将使我们失去这些卓越的生态农业基础设施！

奶牛确实排放甲烷，但草地能够抵消甲烷释放，特别是在许多牧场都推进生态转型的情况下。我们经常听说生产1千克牛肉需要耗费15000升饮用水，但这一耗水量并没有解释其中93%的水来自降雨。ISO 140046标准将这一活动的整个生命周期纳入考量，从而得出截然不同的计算结果——耗水量仅50升！

实现过腹增值的粮变肉

我们时常听闻，地球将无法承受普及动物蛋白消费带来的巨大负担，而据说，消耗植物热能 7 卡路里才能产生 1 卡路里动物热能。实际上，肉类的粮食转化率比我们所宣扬的更高。猪肉和鸡肉是世界上最大的肉类消费品，它们能快速产生营养价值高于植物蛋白的动物蛋白。100 千克玉米喂食蛋鸡可产下 1000 枚鸡蛋，喂食家禽则可生产 80 千克禽肉，抑或喂食生猪可生产 60 千克猪肉。至于吃草的牛，则把不适合人类食用的草变成了优质食物，充分利用了贫瘠的土地。乳汁对幼童而言必不可少，当母亲无法哺乳时牛奶就变得更为重要。但不可思议的是，为了维护奶牛的动物福利，有的人宁可雇请贫困的年轻女性来担任奶妈，把她们当作乳汁工厂。这个非人性化方案将我们带回到富裕人家中的妇人拒绝亲自哺育的旧时代，实在让人忧从中来。

尊重养殖户的工作

所幸，动物福利问题越来越受到人们的关注，福利主义非政府组织功不可没。法国制定了一项确保动物福利的国家战略。所有养殖户工会都通过了畜牧业良好操作规范。但是，如果认为养殖户在规定出台后才关注豢养的动物健康，尤其在法国的家庭农场模式下，那就是对养殖户的最大误解。保证动物健康是养殖户得以顺利开展饲养活动的必要条件。

　　养殖技术难度大，工作量大，无法长时间离开岗位，工资低下，以及城市居民对野生动物（狼、熊、大象、老虎等）的过分爱护等因素都在威胁畜群生存，尤其在偏远贫困地区，养殖户还肩负维护景观的任务，他们中有许多人纷纷转行。迫于生计，越来越多的养殖户选择生产谷物。由于牧场缺乏经营维护，土地慢慢变成荒地。徒步者会发现中低海拔山区荆棘丛生，寸步难行。他们可以自我安慰是熊和狼获得了栖息之地。直到有一天，这座山没有道路可走，变得险阻重重，他们就再也不能在此徒步旅行了。

　　尊重养殖户的工作，给予他们合理的薪酬，并帮助他们解决生产经营中遇到的实际困难，都是绝对必要的。因为这些是直接关系到农业景观发展、草原生态保护修复以及人类适应与减缓气候变化行动的重要因素。

牛奶，满足人体的关键需求

　　和鸡蛋一样，牛奶也是我们生活饮食的必需品，但牛奶的许多潜力远未得到发挥。在活牛存栏量占欧洲总量 1/5 的法国，30万奶农和大约 800 家乳品加工企业正遭到乳品市场价格波动和国际竞争的冲击，外加国内各界的广泛批评。对于长期饮用牛奶这种高级饮品的人来说，重新了解牛奶以及牛奶对人体的价值十分重要。

安迪亚合作社（Ingredia）创立于 1949 年，位于法国主要的
食品生产区上法兰西大区，创办之初被命名为"珀斯比农场"（即
繁荣农场之意），旨在团结当地奶农以提高他们的收入。该合作社
是牛奶水解工艺开发领域的先驱。进行牛奶水解，也就是把牛奶
大分子蛋白切割成小分子优质营养素，其价值远远高于生奶。安
迪亚也因此成为世界第三大主要蛋白质生产商，致力于生产开发
胶束酪蛋白和乳品生物活性物质等，如酪蛋白水解肽、牛初乳。
过去这些物质会被废弃，现在却被证实为具有功能性和营养性的
重要原料。

安迪亚开发的应用程序数不胜数，有针对运动员、糖尿病患
者和患有肌肉减少症的老年人的，也有抗癌相关的医疗健康软
件……安迪亚规定每年有一定的放牧期，将奶牛放到草场生活
（法国北部的冬天又冷又湿，舍饲会让奶牛更为暖和、舒适，而且
有充足的饲料供应），并且会给奶牛佩戴智能项圈。安迪亚的成功
案例说明，企业通过持续创新，可实现创造财富价值、就业机会
和打造高质量农业景观的同时，也为地球、人类和地区发展作出
贡献。

安迪亚把推进生态和可持续发展作为优先事项，实行最严格
的用水和废水管理制度，并稳步减少进口大豆使用量，以支持振
兴法国国产大豆。该合作社现由才华横溢的桑德琳·德洛里女士
领导，正积极与世界自然基金会（WWF）和福利农场组织（Wel-
farm）合作。安迪亚在加拿大、美国和新加坡均设有子公司，建
有有机产品生产线。其产品范围也不断扩大，开始为附近的哈根

达斯工厂供应原料——这家位于阿拉斯的工厂为全球生产高端冰激凌。

统筹兼顾……并且精进不休

这正是第三次农业革命的意义所在：统筹兼顾，确保各项工作齐头并进取得成效，包括气候问题，环保问题，卫生健康，就业保障，动物福利，价值创造，做好细分市场，做好有机食品、新型功能性食品和营养保健食品的研发等。

禁止畜牧业将犯下违背自然、危害人类的罪行。那我们又是否该停止宰杀动物，只喝奶牛产下的奶和吃母鸡产下的蛋，让它们慢慢变老并安详离世？如果那样的话，我们就得接受数百万公顷的森林退化成非生产性的草甸，以及数百万的农牧民转行成动物养老院的带薪护理人员。这些伦理优先的选择当然是可敬的，但最终会导致农村动物的灭绝。所以，在生态农业时代，用树木围隔草地并进行草地放牧是最好的方式，因为既创造了最佳的农业景观，又赋予了农场主更大的发展自主权，其中许多农场都希望通过引进新物种以发展循环经济——减少对化学合成肥料的依赖，通过沼气甲烷化生产绿色天然气，生产多样化等。法国的目标是到 2030 年使用能源的 10% 来自可再生天然气（沼气计划），目前已有数千个在农场开展的甲烷化项目。德国启动的沼气项目更多，而且由于德国全面关停核电站，更是加大了对甲烷化项目的支持力度。法国政府承诺在 15 年内以高于市场价回购绿色天然气。想要在禁止畜牧业的同时，发展避免使用化肥的有机农业，同时降低农场能源消耗及污染？绝不可能！

　　法国和世界各地的许多合作社和畜牧民工会都承担起社会责任与环境责任，制定了非常严格的可持续性和动物福利标准，安迪亚合作社只是其中的一个缩影。选择这些企业和机构生产的产品的消费群体，可以安心消费这些优质动物蛋白，因为他们可以确定蛋白来自良好饲养条件生长的动物，屠宰流程也受到专业、严格、精确的把控。畜牧民也需要慧眼识珠、明明白白的消费者，需要与民间社会建立良好的伙伴关系。

持续取得进展

　　革命远未完成。不再活活阉割仔猪；停止实施断尾、断牙；使用蛋内性别鉴定技术，以避免雄性雏鸡或雌性雏鸭在孵化后被宰杀，前者因不产蛋、肉少、经济价值低所以被大规模宰杀，后者则因不适合人工填喂催肥而被弃置（当然，粗暴填鸭的饲养方式也值得质疑）；通过全基因组选择来培育无角牛品种以避免人工去角造成过度犊牛痛苦和饲养员喂牛时受伤，正如在人工授精和动物遗传育种与繁殖领域全球领先的布列塔尼天演合作社（Évolution）所从事的研究；优先选择来自当地养殖场的动物，或者遏制森林砍伐行为的国家的动物；选择标明出处，含有环境标志认证和质量认证标识的产品。这些都是由养殖户自发推动的变革，完全满足了"消费中积极参与的人"的期望。但要实现所有这些的前提是后者优先考虑那些坚决致力于实现养殖全程透明、可追溯性，以及保证产品品质的养殖户和企业，而且他们愿意为这些需求埋单。养殖利穆赞牛或夏洛莱牛的养殖户并不清楚，他们饲养的食草动物是按肉碎的基准价格出售的①。如果付出的劳动得不到相应的报酬，他们将难以为继。

　　谁敢禁止那种对动物造成不可估量的痛苦的宗教屠宰方式？非政府组织主导的斗争通常会绕开这一关键点——不是认输，只是他们很狡猾，攻击比自己弱势的人更容易取胜，而孤立的农民正是理想的攻击目标。这就是为什么我们要时刻关注他们的宣传活动，找出谁在资助以及资助的目的何在。激进分子绝不会毫无私心，活动背后通常都有其另外的目的。

---

　　① 通常圈养牛才会用于生产肉碎，而利穆赞牛和夏洛莱都是在更好环境下饲喂的牛。——译者注

没有农民就没有地球

随着气候变化和社会期望改变了我们与食物原有的关系，第三次农业革命全面打响。新型农业模式正在出现。在世界各地，关于如何生产既可满足人类所需的足量粮食，又保护好土地、土壤和生物多样性的问题激发着人们思考和探索的热情。创新，成了时代发展的主旋律。

但是，我们必须警惕用过去的方法解决现在的问题，警惕倒退的风险，警惕粮食安全的隐患。对人类来说，在养活自己的同时还要保护地球，这是一个巨大的挑战。但只要我们不走错路，就一定有取得成功的机会。

诚如本书此前阐述，当今农业有六项基本任务，可概括为"6F"，即养活人类的食物（Food），喂养牲畜的饲料（Feed），维持且创造生物多样性的森林（Forest），符合绿色化学概念的合成纤维（Fiber）和可再生能源（Fuel），以及通过获取可再生资源修复地球（Fix）。

一、关键要素 "9P"

要实现农业的六项基本任务，九个关键要素必不可少。

和平（Paix），没有战争就没有饥荒，没有饥荒就没有战争。

好的植物（Plantes），需要相关方面的农学研究。

降雨（Pluies），降水不集中、不连续、时空分布严重不均。

灌溉井（Puits），即需要灌溉。

价格（Prix），人们如果无法得到适当的劳动报酬，就不愿意从事生产。

良好的政策（Politiques），必须同时保障城市居民食物消费需求。

土地产权（Propriété），亦即保障土地权属安全问题，比如关于如何投资产权不属于自己的土地等问题。农民需要避免土地利用的不确定性，对其生产工具具有长期的支配权。建立起农场主自己拥有土地的家庭农场制度是发展的先决条件，这让农民阶层对未来发展增添信心，也使其内部构建出市场。

双重保护（Protection），既要保护农民免受全球市场价格波动的影响，因为在国际市场中，价格是唯一的决定性因素；也要保护作物抵御无数生物侵略者的侵害，因为全球化和对有毒性农药的禁止使生物侵略者问题越来越严峻。

而在上述所有 "P" 之上，重要的非农民（Paysan）莫属。没有农民，一切都不可能实现。必须尽一切努力保障农民权益，发展农业农村——家庭农场，乡村振兴，农业景观建设。

没有农民就没有国家，没有农民就没有风景。

二、七项基本原则

第三次农业革命必须以七项基本原则为指导：

1. 防止一味抵制和排斥现代化

解决吃饭问题需要依靠高效和智能的农业模式。退回到过去劳动强度高、工作时间久和作物受灾受损的传统模式，不能使农业可持续发展。农业发展应以创新为驱动，培育越来越多的高素质职业农民，用高新科技赋能农民以应对气候变化，在尽少使用化学药剂下防治病虫害（但在面临威胁时使用农药是绝对必要的），同时保持农业生产力。机器、传感器、物联网、机器人技术、人工智能为未来新农业注入了新动能。这样的未来新农业同时也需要深入理解自然环境，才能在遵循自然规律之下获得丰收。

2. 接受和应对复杂性

过去农民想要实现现代化意味着简化问题，只需要应用现成解决方案，实行标准化生产，即便这一切是以被剥削奴役和牺牲自然为前提，他们也在所不惜。但今天，在地形地貌、气候快速演变，生活水平和社会需求瞬息万变的背景下，农民对土壤、植物、光照、气象灾害等领域的探究越来越细化深入，农民已经成为拥有复杂专业化技能的职业群体。要实现第三次农业革命，我们需要培育高素质的职业农民。

3. 将所有模式有机结合起来，而非割裂对立

农业世界复杂多变，迄今为止，还没有任何完美的方案可以确保农业健康有序地持续发展。正如土地、市场、土壤和气候多种多样，农业产业、细分行业和生产方式也庞杂多变。将它们割裂开来、对立起来，毫无意义。此外，农业界应该团结起来，驳斥有组织、连续性的攻击性言论，反对无理攻击。有机食物不能供养世界人口，但可在众多解决方案中占有一席之地；永续农业是一门复杂的科学，其特点是技术密集或劳动力密集，因此难以普及，但可在小范围内施行；水耕栽培是一种无土栽培的好方法，但它不能解决各地水利灌溉水资源调配的问题，而灌溉是以节水和优化水资源配置为基础的；城市农业不会取代农村地区的农业，因为大田作物必不可少……只有精准农业对各地来说才是必须建立的，因为这种方式考虑到了投入成本、生产产出、农民酬劳，当然还有环境、气候、能源、景观平衡等因素，以及终极目标——养活人类，兼具休闲性、景观性。

4. 保持竞争力

如果说农民的使命是解决吃饭问题，那么就必须保持农业的竞争力，高产、高效和安全，否则将危及国民及其家庭、国家，甚至全球粮食安全。我们必须以低成本、安全又健康的方式生产足够的食物供养全世界人口。农业首先必须是强大、高效和有竞

争力的农业，可以节省土地、时间和劳动力，打破季节性限制，以最低的价格养活世界人民。

今天有许多农业模式被证明耗时、投入昂贵，而且最终产出极低。以最低投入获得最高产出应成为农业的首要目标。农业的使命是满足人类的首要需要，让人类从丰富多样的饮食中受益，健康长寿。我们必须始终铭记，所采取的解决方案必须遵从成本效益，做到财务自立，减少对财政资助的依赖。否则，任何解决方案都将不可持续。

5. 大力发展多元化经营

保持开放的心态面向其他农业生产方式，实现多元化发展模式至关重要。实施多元化经营可以使农户、农企抢占新兴市场，获取财富价值，避免把所有鸡蛋放在一个篮子里。对于市场需求和政府政策也要小心对待，因为这些需求可能导致农业进入市场"死胡同"——高端产品的需求弹性有限，产地直供的发展空间也有限。禁止使用化学植保产品会使食物存在卫生安全隐患。在消费需求不足、投资回报率低下的情况下进行巨额投资，难免存在破产风险。

6. 变纵向管理为横向管理

不能仅从农业产业部门的角度出发来处理农业问题，尽管这些产业部门内部也正在进行生态革命——土地综合整治合同的治理方式必须成为第三次农业革命的核心方式。农业生产是一项整体性活动，涉及无数参与者。农业空间已经完成了多功能化——农业不仅需要解决吃饭问题，而且需要保护生物多样性、创造再生能源、废物回收利用撬动循环经济，建设活力、宜居、美丽之地。要实现这一综合目标，区域内所有相关参与者，农民、公共当局、民选官员、跨学科专家等，必须形成共生互养的关系，"硬科学"和人文社科，地理学、经济学、社会学、政治学、农学、生物学、气候学、土壤学等，必须全部结合起来。掌握土地资源的特征，了解资源的多样性，开发和优化利用这些资源，是农业项目的核心，尤其因为没有任何行业比农业更依赖自然环境。有无数种解决方案和措施可以维护土地的健康，使乡村生活更美好，让地区更具吸引力。多方面人才聚集，共同确立目标，这就是可持续的发展模式。只有使用土地综合整治合同的治理方式，放眼中长期格局，才能客观地展望未来，使土地朝着有复原力、有营养和有活力的方向发展，而农业风貌将成为文化遗产。土地综合整治合同内容涉及确立目标、睦邻承诺书（农民自愿签署，承诺邻近住宅处避免喷洒农药）、良好行为规范和高质量环境认证，以及承认土地应专门用于从事农业活动，必须让农民工作[1]。宗地分割转售，设置无农药缓冲区，禁止农机农具，禁止尾气排放，禁止卡车等相关设置和禁令都应将耕地和养殖用地排除在外。

---

[1] 近几十年来，法国出现了返乡潮，城市居民定居乡村后对乡村提出很多整改意见，对农民施用农药化肥、使用农机农具等影响到他们住宅区域的活动不满。因此，作者建议停止将农业用地分割出售以作他用，将土地归还农民。——译者注

7. 坚持可持续发展的基本原则

无论提倡何种农业模式，必须以尊重农民的尊严为出发点。让农民从繁重的体力劳动中解脱出来，让他们摆脱粮食生产的不稳定性，让他们的生产决策减少对消费者意志的依赖。农业生产周期长、风险大，如果农民回报过低，这是令人无法接受的。新农业应对农业活动合同化管理，提供合理、有保证的回购价格，为应对气候风险运行农业互助保险机制，此外还必须遵循可持续发展的三个基本要素：第一，创造财富；第二，公平分配财富；第三，尊重环境，把握当下，成就未来。

三、我们需要达到的 "5R"

第三次农业革命需要统筹兼顾全局和局部，因为涉及大规模变更，所以必须从辖区层面进行谋略。大区拥有丰富的生物多样性，而且需要更多的参与者围绕共同确立的目标共同努力，只有达到以下五个 "R" 才有可能实现。

尊重（Respect）为我们提供食物和为我们服务的人。

认可（Reconnaissance）农村世界为满足我们相互矛盾的需求所做的努力。

增加会谈（Rencontres）的机会，使各方了解彼此立场，了解对方困难，衡量农业养育使命的复杂性，以及在当今社会忘记物资匮乏年代之殇的情况下，如何应对气候变化和相互矛盾的法规禁令。

要知道，正如农民对我们的食物和健康负有责任（Responsables）一样，我们也对农民的福祉和他们的工作条件负有责任。

如果想要农民为我们的恐惧以及面目全非的地球提供额外的服务，还要他们继续提供粮食，那么我们就需要给他们体面的薪酬（Rémunérer）。

今天，除了这五个"R"，包括尊重、认可、会谈、责任和薪酬，还有一个必不可少的关键词——第六个"R"，即和解（Réconciliation）。

为了世界和平与可持续发展，我们必须与养活我们的人和解，因为没有农民就没有我们的地球。智能的、得到扶持发展的农业，决定着人类的未来。

让我们帮助世界各地的农民发动这场第三次农业革命，面对未来重拾信心，从容应对！

农民将拯救世界，为我们提供应对生态和能源转型的巨大挑战的所有答案……只要我们花时间倾听和理解他们，支持和陪伴他们，就可以在这片包容的土地上共同塑造人类的可持续未来。

参考文献

　　以下机构提供了关于农业和粮食问题的信息和统计数据：联合国粮食及农业组织、世界动物卫生组织、联合国儿童基金会、世界卫生组织、世界粮食计划署和国际农业发展基金；以下机构为影响粮食、人类健康和地形地貌的农业生产部门及其生产效率进行科学研究：法国国家农业科学研究院、农学发展研究国际合作中心。法国农业学院、各大卫生机构（如欧洲食品安全局、法国食品、环境与劳动安全署等）、法国国家农渔业局、阿哈瓦里斯植物研究所、农业社会互助会、专业组织（如法国全国苹果和梨协会、法国玉米生产者协会、法国小麦生产者协会、法国波尔多葡萄酒行业协会、法国新鲜果蔬联合会、法国畜牧及肉类协会、法国数据保护局、法国国家食品工业协会等）、工会组织（如法国全国农业经营者工会联合会、法国青年农民公会、法国农村协调工会、法国农民联合会、法国家庭农业经营者工会等）、专业期刊和官方网站（如《农民》《法国农业》《JA 期刊》《农业与环境》《农村与环境》《布列塔尼农民》"法国农民推特网""植物生物技术信息网"等）、盖伊·瓦克斯曼的时评、农业信息综合服务平台（饲料工业协会）、智库（发布年度报告的德米特、农业参考、领土与文明、法国植物生物技术协会、展望社、小麦热情等)、在全球与饥饿作斗争的国际机构和非政府组织（国际乐施会、无国界医生组织、法国农民与国际发展、全球反饥饿行动组织、农场组织、致力于发展中国家农业发展的法国国际合作协会、居马组织等）提供了大量参考信息和观点，我查阅了他们的资料与著作。

专门研究相关问题的出版社也提供了支持，如法国农业出版社、法国 Quæ 出版社、与农业学院合作的矿业出版社等。

最后，我引用了一些近期出版的作品，例举不求详尽无遗：

Idées reçues et agriculture：parole àla science, Catherine Regnault-Roger（dir.）, Académie d'agriculture, Presses des Mines, 2018.

L'Agriculture face àses défis techniques：l'apport des technologies, Bernard Le Buennec（dir.）, Académie d'agriculture, Presses des Mines, 2019.

Le Grand Livre denotre alimentation, Académie d'agriculture, Odile Jacob, 2019.

Réponses àceux qui veulent abolir l'élevage, Marie-Gabrielle Miossec, France agricole, 2019.

Causeanimale, cause du capital, Jocelyne Porcher, Le Bord de l'eau, 2019.

Révolution des agricultures urbaines：des utopies aux réalités, Jean-Paul Charvet, Xavier Laureau, France agricole, collection TerrAgora, 2018.

LaBiodiversité：avec ou sans l'homme?, Christian Lévêque, Quæ, 2017.

Panique dans l'assiette：ils se nourrissent de nos peurs, Gil Rivière-Wekstein, Le Publieur, 2017.

Ils croient que la nature est bonne, Jean de Kervasdoué, Robert Laffont, 2016.

L'Avenir de l'eau, Érik Orsenna, Fayard, 2008.

Géopolitique du moustique, Érik Orsenna, Fayard, 2017.

此外，特别鸣谢马塞尔·马佐耶和劳伦斯·鲁达特著，1997年首次出版的《世界农业史：从新石器时代到当代危机》。

有关本书中农场销售范例的更多信息，请访问旅游博客：www. itinera - magica. com；关于农业中的昆虫，请访问网站https://entomo-remedium.com。

最后，请允许我回顾本人专门讨论农业和粮食问题的部分出版物：

LaFaim dans le monde, une tragédie banalisée, Hachette - Pluriel, 1991.

Ceux qui vont mourir de faim, Seuil, 1996.

LaFaim dans le monde：comprendre pour agir, PUF, 1999.

年度报告：

为全球反饥饿行动组织撰写的 *Géopolitique de la faim*, aux PUF en 1999-2000-2001.

Famines et politique, Presses de Sciences Po, 2002.

Nourrir le monde：vaincre la faim，Larousse，2009.

Géographie amoureuse du monde（2011）et *Géographie amoureuse du maïs*（2013），tous.

deux chez JCLattès，sous la direction de mon éditeur，Laurent Laffont，passionnépar les questions agricoles.

正如读者可从这本书中窥见，玉米对我来说特别重要，在过去的两年里，我每月为玉米杂志《新玛雅人》撰写一篇月度通讯稿，读者可以通过电子订阅免费获得：nouveaux.mayas@gmail.com。

最后，2017年，Buchet-Chastel出版社出版了由瓦莱丽·让德罗（Valérie Gendreau）编辑的《生态》系列丛书中的一部 *Plaidoyer pour nos agriculteurs*：*il faudra demain nourrir le monde*。该书在农业界引起了很大的反响，在我看来，它至今仍然具有现实意义，即使农民今天所处形势趋于紧张。因此，我要特别感谢瓦莱丽·让德罗，这位专注且热情的编辑，她认真、辛勤地工作，一路陪伴我走来。

当然还有Libella集团的创始人兼总裁维拉·米歇尔斯基（Vera Michalski），该集团的系列出版物表现出了人道主义和对世界的关注与关怀。罗兰·拉封（Laurent Laffont）刚刚入职该集团。罗兰·拉封怀着对农业问题的关切和兴趣，与瓦莱丽·让德罗一起完成了本书的编辑工作，我非常感谢他们。

西尔维·布鲁内尔

作者相关作品

以下并未列出作者参与创作的汇编作品。

Camargue, Crin-Blanc et ses légendes, Nevicata, 2019.

Toutes ces idées qui nous gâchent la vie, alimentation, climat, santé, progrès, écologie, JC Lattès, 2019.

Plaidoyer pournos agriculteurs. Il faudra demain nourrir le monde, Buchet-Chastel, 2017.

Croquer la pomme, l'histoire du fruit qui a perdu le monde et qui le sauvera, JC Lattès, 2016.

Crin Blanc ou l'invention de la Camargue (avec Florian Colomb de Daunant), Actes Sud, 2016.

L'Afrique est-elle si bien partie?, Éditions Sciences humaines, 2014.

Un escaliervers le paradis, JC Lattès, 2014.

Géographie amoureuse du maïs, JC Lattès, 2013.

LaPlanète disneylandisée, pour un tourisme responsable, Éditions Sciences humaines, 2012.

Géographie amoureuse du monde, JC Lattès, 2011.

Le Voyage àTimimoun, JC Lattès, 2010.

Leciel ne va pas nous tomber sur la tête (maître d'œuvre avec Jean Robert Pitte), JC Lattès, 2010.

Manuel deguérilla à l'usage des femmes, Grasset, 2009.

Nourrir le monde, vaincre la faim, Larousse, 2009.

Cavalcades etdérobades, JC Lattès, 2008.

Àquiprofite le développement durable?, Larousse, 2008.

LeDéveloppement durable, PUF, «Que sais-je?», 6ᵉ éd., 2012, 2018.

LaDéliaison (avec Ariane Fornia), Denoël, 2005.

L'Afrique, Bréal, 2004.

Frontières, Denoël, 2003.

Famines et politique, Presses de Sciences Po, 2002.

LaFaim dans le monde, comprendre pour agir, PUF, 1999.

Géopolitique de la faim (maître d'œuvre), PUF, 3e éd., 2001.

Ceux qui vont mourir de faim, Seuil, 1997.

LaCoopération Nord-Sud, PUF, «Que sais-je?», 1997.

Le Sous-Développement, PUF, «Que sais-je?», 1996.

Le Sud dans la nouvelleéconomie mondiale, PUF, 1995.

LeGaspillage de l'aide publique, Seuil, 1993.

Unetragédie banalisée: la faim dans le monde, Hachette, 1991.

Sahel, Nordeste, Amazonie: politiques d'aménagement en milieux fragiles (maître d'œuvre avec Nelson Cabral), Unesco/L'Harmattan,

1991.

TiersMondes, controverses et réalités (maître d'œuvre), Economica, 1987.

Asie, Afrique: greniers vides, greniers pleins (maître d'œuvre), Economica, 1986.